작은 뜰들에 서고
背に溫き陽射しを受けて

일역, 오늘의 한·일 정형시
日訳, 今日の韓·日定型詩

들풀

따슨 볕 등에 지고 | 背に温き陽射しを受けて

엮은이 · 국제시조협회
펴낸곳 · 들풀출판사

초판 인쇄 : 2025년 8월 25일
초판 발행 : 2025년 8월 31일

들풀출판사
출판등록 : 2019년 11월 20일 제000002호
대구광역시 수성구 지산로 56, 101동 303호
전화 : 053-254-6669

印刷 · 天友原色
製本 · 文化製本所

ISBN 979-11-93276-29-7 03810

저자와의 협의에 의해 인지를 생략합니다.

가격 : 20,000원

작은 밭들에 지고
背に溫き陽射しを受けて

일역, 오늘의 한·일 정형시
日訳, 今日の韓・日定型詩

풀
들

■ 책머리에

정형시의 새로운 질서를 꿈꾸며

　정형시는 문화국가의 국격國格이자 자랑스러운 유산입니다. 정형시를 가졌다는 사실만으로도 자랑스러운 문화선진국이라 할 것입니다. 중국의 한시(漢詩)와 한국의 시조(時調), 일본의 와카(和歌)나 하이쿠(俳句)는 유구한 문화사가 전승해준 자랑스러운 유산입니다. 서양의 소네트(Sonnet)나 오드(ode), 론도(rondeau) 역시 전통 깊은 문화국가의 상징입니다.

　산업혁명에 의한 서구의 물질문명이 이룩한 다양한 가치질서는 동양의 유서 깊은 정신문화의 퇴조를 초래하였지만, 그 지리적 환경이 지닌 민족성마저 변화시키지는 못하였습니다. 정신문화를 받들어온 동양의 근대화 과정에서 시조와 하이쿠는 각기 새로운 변모를 보여 주목을 끌어왔습니다. 특히 하이쿠가 이룩한 세계적인 공유와 활용은 국제화 시대에 민족문학이 대처할 방향성을 제시해 주는 시사점이 아닐까 생각합니다.

　이번 합동시집에서는 시조의 현대적 계승을 이끌어온 대표적인 작품을 비롯하여 (사)국제시조협회 회원들의 작품과 일본의 국제하이쿠교류협회를 중심으로 한 하이쿠와 와카를 한데 모았습니다. 2015년부터 시작한 한·일 간 정형시의 교류 이후 발간한 시조와 하이쿠 합동시집은 『들풀의 아침』, 『시조에서 하이쿠까지』, 『어제와 오늘, 그리고 내일』, 『봄, 여름, 가을, 겨울』, 『아름다운 동행』 등 다섯 권에 이릅니다. 이번에 발간하는 『따슨 볕 등에 지고』까지 포함하면 시조와 하이쿠뿐만 아니라 와카까지 망라하여 더 광범위한 양국의 현대 정형시를 이해하는 자리가 되리라 기대합니다.

　이 합동시집의 발간을 계기로 앞으로 더 많은 정형시 교류가 확대되어 양국은 물론이거니와 세계 정형시 발전에도 이바지할 수 있기를 기대합니다. 아울러 번역에 열성을 다해주신 안수현 교수와 〈한·일 시문학 교류사업〉의 하나로 번역 사업을 지원해주신 경상북도에 사의를 드립니다.

2025년 7월 25일
(사)국제시조협회 이사장 민병도

■ 前書き

定型詩の新たなる秩序を希求して

　定型詩は、文化国家としての品格を象徴するものであり、また永きにわたり継承されてきた誇るべき精神的遺産であります。定型詩を有するという事実のみでも、ある国が文化的先進国としての矜持を持つに足ると申せましょう。韓国の時調、中国の漢詩、そして日本の和歌・俳句はいずれも、悠久の歳月を通じて培われ、脈々と伝えられてきた東アジアの至宝であります。また西洋におきましても、ソネット（Sonnet）やオード（Ode）、ロンド（Rondeau）などが、文化的伝統の深さと高雅さを体現しております。

　産業革命以降、西洋の物質文明が築き上げた価値秩序は、結果として東洋の精神文化の一時的な退潮をもたらしましたが、それでもなお、各民族固有の精神性や美意識までは変容させることは叶いませんでした。精神を重んずる東洋において、近代化の過程で時調と俳句はそれぞれ独自の変遷を遂げ、現代における新たなる定型詩の姿を提示してまいりました。中でも俳句が世界各地で共有され、活用されている現状は、グローバル時代における民族詩の進むべき方向を示すものとして、きわめて示唆に富むものと申せましょう。

　本合同詩集におきましては、現代における時調の創造的継承を主導してきた代表的作品をはじめ、社団法人国際時調協会の会員諸氏による作品、ならびに日本の国際俳句交流協会を中心とする俳句および和歌の作品を一堂に収録いたしました。2015年より開始された日韓間の定型詩交流の歩みの中で、これまでに『野草の朝』『時調から俳句へ』『昨日と今日、そして明日』『春・夏・秋・冬』『美しき同行』と五冊の合同詩集が刊行されてまいりましたが、本詩集『背に温き陽射しを受けて』をもって第六作となり、俳句・時調に加えて和歌をも包括する、より広範かつ深遠なる両国の定型詩文化を一望する機縁となるものと確信しております。

　このたびの詩集刊行を一契機とし、今後さらに一層の定型詩交流が深化し、両国はもとより、世界各国における定型詩文化の発展と継承に資することを心より願っております。併せて、本詩集の翻訳に誠心誠意ご尽力いただきました安修賢教授に深甚なる謝意を申し上げますとともに、本翻訳事業を「韓日詩文学交流事業」の一環としてご支援賜りました慶尚北道の皆様に対し、謹んで感謝の意を表する次第であります。

2025年 7月 25日
(社団法人) 国際時調協会 理事長 関炳道

CONTENTS

따슨 볕 등에 지고
背に温き陽射しを受けて

PART 00 | **책머리에** • 4

PART 01 | **현대 단시조 40선** • 17

한용운 | 안확 | 최남선 | 조운 | 조종현 | 이호우 | 이영도
장순하 | 박경용 | 송선영 | 배병창 | 이우출 | 정완영 | 서벌
김상훈 | 김교한 | 장정문 | 박시교 | 류상덕 | 석성우 | 김원각
김남환 | 박옥금 | 류제하 | 이우걸 | 서수승 | 김영재 | 정재익
조영일 | 조주환 | 김몽선 | 이승은 | 박기섭 | 이정환 | 리강룡
고정국 | 권갑하 | 이종문 | 손수성 | 박방희

PART 02 | **국제시조 회원시조** • 99

권영희 | 김광희 | 김남미 | 김덕남 | 김미정 | 김봉대 | 김소해
김영숙 | 김용주 | 김윤숙 | 김일연 | 김임순 | 김장배 | 김정
김종두 | 김정수 | 김진숙 | 김진옥 | 김희동 | 노중석 | 남승열
류미야 | 류현서 | 문수영 | 문무학 | 민병도 | 문희숙 | 박경화
박명숙 | 박미분 | 박미자 | 박서익 | 박종구 | 백이운 | 서석조
서숙희 | 성국희 | 손확선 | 신필영 | 심금섭 | 심석정 | 안병갑
양점숙 | 오은주 | 우정숙 | 유설아 | 윤경희 | 이광 | 이남순
이두의 | 이상진 | 이서원 | 이솔희 | 이승현 | 이예진 | 이익주
이태정 | 임성구 | 임성화 | 장계원 | 장지성 | 전복이 | 전연희
정경화 | 정용국 | 정해송 | 정해원 | 정희경 | 조동화 | 조명선

— 일역, 오늘의 한·일 정형시 | 日訳、今日の韓・日定型詩

조정희 | 진순분 | 최기향 | 최성아 | 최영효 | 최재남 | 최화수
하순희 | 한분순 | 한분옥 | 한희정 | 홍성란 | 황다연

PART 03 | **일본의 정형시, 와카** • 267

冷泉為人 | 冷泉喜実子 | 乾　亮文 | 岩林　理
上田　文 | 大岡洋子 | 大谷香代子 | 小川町子
梶　裕子 | 斎藤幸美 | 菅田聡子 | 酢谷眞規子
東郷晃子 | 新関　忠 | 西枝芙佐子 | 西村千惠
松岡直子 | 吉田朋子 | 吉見由希子

PART 04 | **일본의 정형시, 하이쿠** • 287

秋尾　敏 | 阿久根　桜岳 | 井越　芳子 | 稲畑廣太郎
稲畑　汀子 | 今井　聖 | 岩岡　中正 | 内村　恭子
大串　章 | 大久保　白村 | 大高　霧海 | 大西　朋
小澤　實 | 角谷　昌子 | 木村　聡雄 | 草刈　幸風
久保　純夫 | 黒川　悦子 | 神野　紗希 | 古賀　雪江
小島　健 | 後藤　章 | 小林　貴子 | 佐怒賀直美
佐怒賀　正美 | 下田　晃子 | 須川　久 | 染谷　秀雄
高野　ムツオ | 田中　由子 | 筑紫　磐井 | 対馬　康子

寺井　谷子｜永井　江美子｜長井　寛｜中村　和弘

西川　盛雄｜西田　梅女｜西山　睦｜新田　佐代子

能村　研三｜蟇目　良雨｜藤本　はな｜藤本美和子

坊城　俊樹｜水田　むつみ｜宮崎　斗士｜森田純一郎

安原　葉｜吉村　玲子

리뷰 | 한일정형시의 만남

국제하이쿠협회에서의 간담회(2015)

도쿄 '향염' 하이쿠 시회 참관(2015)

도쿄 '국제하이쿠교류협회' (2015)

리뷰 | 한일정형시의 만남

바쇼가 수도했던 '채다암' 방문(2015)

바쇼기념관의 동상(2015)

'향염'에서 주선한 '정형시' 좌담회(2015)

리뷰 | 한일정형시의 만남

국제시조대회 후 통도사 서운암 성파스님과의 다담(2016)

아리마 회장에게 휘호를 선물하는
성파 스님(현, 조계종 종정, 2016)

제1회 국제시조대회에서 발표하는
후지모토 하나 시인(2016)

리뷰 | 한일정형시의 만남

제1회 청도국제시조대회(2016)

제1회 청도국제시조대회(2016)

제1회 청도국제시조대회장에서의 아키토 아리마 회장(2016)

리뷰 | 한일정형시의 만남

도쿄 간담회 후 하이진들과(2017)

국제하이쿠협회 초청 간좌담회
(아리마 회장 인사, 2017)

정형시와 함께하는 일본 문학기행
(도쿄, 바쇼 동상 앞에서, 2017)

리뷰 | 한일정형시의 만남

동아 정형시 심포지움(도쿄 한국대사관, 2019)

대표자들과의 기념사진-시조무경(2019)

정형시와 함께하는 일본문학기행
(교토, 궁중와카의 '레이제이' 가문의 계승자와, 2017)

리뷰 | 한일정형시의 만남

아사쿠사의 바쇼 하이쿠비 앞에서(2019)

도쿄 심포지움 후 리셉션 장면(2019)

민병도 이사장
도쿄 정형시 대회 발제(2019)

리뷰 | 한일정형시의 만남

아리마 회장의 합동시집 소개(2019)

도쿄 정형시 간담회에서 번역시집
『들풀의 아침』을 소개하는 아리마 회

곳곳에 세워진 바쇼의 하이쿠비

01

현대 단시조 40선

춘주春畫

한용운

따슨 볕 등에 지고 유마경維摩經을 읽노라니
가볍게 나는 꽃이 글자를 가리운다
구태여 꽃밑 글자를 읽어 무삼하리오

한용운韓龍雲(1879~1944)
1918년 《유심》에 시 「심」 발표
1926년에 시집 『임의 침묵』 발간
시조 「춘주」는 1932년 6월호 《불교》지를 따름

春の昼

韓龍雲

暖かい陽射しを背中に背負って維摩経を読んだら
軽く舞う花が文字を覆うのだ
わざと花の下の文字を読んで何をかせん

1918年 《唯心》に詩「心」発表。
1926年 詩集 『ニムの沈黙』発刊。
時調「春の昼」は1932年 6月号 《仏教》誌による。

첨성대

안확

휘황할사 신라 문명 무엇으로 그려내랴
첨성대 인印이 되어 구만리에 찍었어라
시시로 올라서 보니 별이 찬란하구나

안확安廓(1884~1946)
호는 자산自山. 일본 니혼대학 졸업. 《신천지》주간
1920년경부터 시조창작. 시조이론을 병행 연구함
시조 및 이론서 『시조시학』(1940년)이 근대문화유산으로 등재

瞻星台

安廓

煌煌と輝く新羅の文明何を以て描き出せるものか
瞻星台の印しなって九万里の道程
折々昇って眺めるに星が輝かしい

自山と号す。日本大学卒業。《新天地》 主幹。
1920年ごろから時調創作。時調理論を並行し研究。
時調及び理論書 『時調詩学시조시학』(1940)は近代文化遺産に登載。

혼자 앉아서

최남선

가만히 오는 비가
낙수져서 소리하니

오마지 않는 이가
일도 없이 기다려져

열릴 듯 닫힌 문으로
눈이 자주 가더라

최남선崔南善(1890~1957)
1921년《개벽》에 첫 시조「기쁜 보람」발표
1926년 최초의 개인 시조집『백팔번뇌』발간
「조선국민문학으로서의 시조」외 시조이론 발표

一人で座って

崔南善

静かに降る雨が
雨垂れになって音がして

戻ってこないと思ったあの人が
どうして待たされるのだろう

開きそうで閉っている扉に
頻りに目が届く

1921年 《開闢》に初時調「嬉しいやり甲斐」を発表。
1926年 最初の個人時調集『百八煩悩』発刊。
「朝鮮国民文学としての時調」などの時調理論発表。

석류

조운

투박한 나의 얼굴
두툴한 나의 입술

알알이 붉은 뜻을
내가 어이 이르리까

보소라 임아 보소라
빠개 젖힌 이 가슴

조운曺雲(1898~ ?)
1924년 《조선문단》에 시조 「초승달이 재 넘을 때」 발표
시조집 『조운시조집』. 1948년 가족과 함께 월북

柘榴

曺雲

無愛想な私の顔
やや厚い私の唇

粒ごとに赤い意を
私が正に言いますか

見よ、私の人よ、見よ
扉を開けたこの胸元

1924年 《朝鮮文壇》に時調「三日月の峠を越える時」を発表。
時調集 『曺雲時調集』1948年 家族と越北。

의상대 해돋이

조종현

천지 개벽이야!
눈이 번쩍 뜨인다.

불덩이가 솟는구나.
가슴이 용솟음친다.

여보게 저것 좀 보아!
후끈하지 않은가

조종현趙宗玄(1904~1989)
1930년 동아일보에 시조 「그리운 정」을 발표
『자정의 지구』, 『의상대 해돋이』
1960년 《시조문학》 발행인으로 참여

義湘台の日の出

趙宗玄

天地 開闢よ!
目がきらりと冴える。

火の玉が聳え立つ。
胸が滾り立つ。

君よ、あれを見よ!
かっかとするのではないか

1930年 東亜日報に時調「懐かしい情」を発表。
『子正の地球』『義湘台の日の出』
1960年《時調文学》発行人。

개화

이호우

꽃이 피네 한 잎 한 잎
한 하늘이 열리고 있네

마침내 남은 한 잎이
마지막 떨고 있는 고비

바람도 햇볕도 숨을 죽이네
나도 아려 눈을 감네

이호우李鎬雨(1912~1970)
1940년 《문장》지에 「달밤」이 추천되어 등단
시조집 『이호우시조집』, 『휴화산』 외
경상북도 문화상. 영남시조문학회 창립 회장

開花

李鎬雨

花が咲く一葉一葉
天津空開け始まる

遂に咲き残りし一葉
最後の開花の瀬戸際

風も陽射しも息吹を止める
自分も共に目を閉じる

1940年《文章》に「月夜」推薦されて登壇。
時調集『李鎬雨時調集』『休火山』の外。
慶尚北道文化賞。嶺南時調文学会創立会長。

아지랑이

이영도

어루만지듯 당신 숨결
이마에 다사하면

내 사랑은 아지랑이
춘삼월 아지랑이

장다리
노오란 텃밭에
　나비
　　　나비
　나비
　　　나비

이영도李永道(1916~1976)
1946년 《죽순》 창간호에 시조를 발표하면서 문단에 나옴
시조집 『청저집』, 『석류』, 유고시조집 『언약』
한국시조시인협회, 한국여류문학인회 부회장

陽炎

李永道

撫で摩る貴方の息吹き
少し暖かい額

我が恋あの陽炎
弥生の陽炎

冬を切り抜けた白菜の花茎
黄色い菜園

　　　蝶
蝶
　　　　蝶
　蝶

1946年《竹筍》創刊号に時調を発表を機に文壇に出る。
時調集『青苧集』『柘榴』遺稿時調集『言約』
韓国時調詩人協会、韓国女流文学人会副会長。

고무신

장순하

눈보라 비껴나는
전---군---가---도 全群街道
퍼뜩 차창으로 스쳐 가는 인정아!
외딴집 섬돌에 놓인

하 나 　둘 　　세 켤레

장순하張諄河(1928~2022)
1957년 제1회 개천절 경축 전국백일장 장원
시조집 『백색부』, 『묵계』 외
가람시조문학상, 중앙시조대상 수상 외

ゴム靴

張諄河

雪吹雪のずらす
全---群---街---道(全群街道)
さっさと車窓を過ぎ行く世の中の人情!
村外れの一軒家の踏み石の

いち	
二	
三	足

1957年 第一回 開天節慶祝全国白日場壯元。
時調集『白色賦』『默契』の外。
嘉藍時調文学賞、中央時調大賞受賞の外。

적寂

박경용

감은 눈 속 님의 길은
빤히 열린 외 오솔길

날 오라 손짓하고
만월 하나 걸어놓고

눈뜨자 못 미칠 적적寂寂
빈 들판의 휘파람

1958년 동아일보, 한국일보 신춘문예 당선
시조집 『적寂』, 시조선집 『도약』, 외
세종아동문학상, 대한민국문학상 수상 외

寂

朴敬用

閉じた目の中のあの人の道は
見す見す開けた一本小道

私に来いと小手招いて
満月一つ掲げておいて

目覚めて至れぬ寂々と
空き野原の口笛

1958年 東亜日報及び韓国日報新春文芸に当選。
時調集『寂』時調選集『跳躍』の外。
世宗児童文学賞、大韓民国文学賞受賞の外。

조선 낫

송선영

풀무 속 어둠 하나
여울여울 타고 있다

모루와 모루채 사이
어슴 새벽 긴 메아리

오늘도 천년 오솔길 위로
꿈꾸는 손, 바람소리······.

1959년 한국일보, 경향신문 신춘문예 당선
시조집 『겨울 비망록』, 『활터에서』 외
노산문학상 수상 외

朝鮮の鎌

宋船影

鞴の中の暗闇一つ
ゆらゆらと燃えている

金敷きと金づちの間
薄暗い夜明けの長い山びこ

今日も千年の小道の上に
夢見る手、風の音‥‥．

1959年 韓国日報、京郷新聞新春文芸に当選。
時調集『冬の備忘録』『弓場で』の外。
鷺山文学賞受賞の外。

종鐘

배병창

무거운 침묵만을 한 아름 안는 채로
뇌성雷聲의 메아리는 차라리 울리지 마라
누리를 흔들어 놓으리 가슴 만져 보누나

배병창裵秉昌(1927~1976)
경북 금릉 출생. 1960년 동아일보 신춘문예로 등단. 시집 『항아리』, 『소나기와 종』, 『이슬과 송학』 등. 김천시문화상 수상. 김천고등학교 교사 역임.

鐘

裵秉昌

重き沈黙ばかり一抱えのまま
雷の音の響きは寧ろ泣かすこと勿れ
世の中を揺るがそう、心に触れてみる

慶北の金陵の生まれ。1960年〈東亜日報〉 新春文芸にて登壇。時調集『壺』『夕立と鐘』『露と松鶴』など。金泉市文化賞受賞。金泉高校の教師を歴任。

달밤

이우출

달이 째지도록
대낮같이 밝은 밤에

메밀꽃 하얀 언덕
이슬 고운 꽃이파리

머언데
개 짓는 소리에
풀벌레는 잠이 들고.

이우출李禹出(1923~1985)
경북 문경 출생. 1961년 동아일보 신춘문예로 등단. 시조집
『鐘樓』. 경상북도 문화상 수상. 능인고등학교 교장, 영남시조
문학회(낙강) 회장, 한국시조시인협회 부회장 역임.

月夜

李禹出

割れんばかりの月
昼日中のように明らかな夜

蕎麦の花の白き岡
白露の花弁

遠くから
知らぬ駄犬の遠吠えに
夢路に入る草の虫

慶北の聞慶の生まれ。1961年〈東亞日報〉新春文芸にて登壇。時調集『鐘楼』。慶尚北道文化賞受賞。能仁高校校長・嶺南時調文学会会長・韓国時調詩人協会副会長を歴任。

분이네 살구나무

정완영

동네서
젤 작은 집
분이네 오막살이

동네서
젤 큰 나무
분이네 살구나무

밤사이
활짝 펴올라
대궐보다 덩그렇다.

정완영鄭椀永(1919~2016)
경북 김천 출생. 1962년 조선일보 신춘문예 당선으로 등단.
시조집 『채춘보』,『묵로도』,『연과 바람』,『이승의 등불』 외. 중앙
시조대상, 한국문학상 등 수상. 한국시조협회 회장 역임.

ブニネの杏子の木

鄭椀永

村の中
一番小さい
ブニネのあばら屋暮らし

村の中
一番高い
ブニネの杏子の木

夜の間
満開しては
大宮より高く聳える

慶北の金泉生まれ。1962年〈朝鮮日報〉新春文芸当選にて登壇。 時調集 『採春譜』,『墨鷺図』,『蓮と風』,『此岸の灯火』の外。 中央時調大賞・韓国文学賞など受賞。韓国時調協会会長を歴任。

서울 · 1

서벌

내 오늘 서울에 와
만평 적막을 사다

안개처럼 가랑비처럼
흩고 막 뿌릴까 보다

바닥난 호주머니엔
주고 간 벗의 명함

서벌徐伐(1939~2005)
1964년《시조문학》추천으로 문단에 나옴
시조집 「하늘색 일요일」, 「각목집」 외
중앙시조대상, 정운시조문학상 수상 외

ソウル・1

徐伐

私、今日ソウルに着いて
一万坪の寂寞をいきる

霧のように小雨のように
撒き散らそうか

底が見えるポケットには
渡してもらった友の名刺

1964년《時調文学》の推薦にて文壇に出る。
時調集『空色の日曜日』『角木集』の外。
中央時調大賞、丁芸時調文学賞受賞の外。

행화촌

김상훈

살구꽃 피는 마을 피는 꽃이 저리 곱다
피는 꽃 그 너머로 지는 꽃도 어여쁘다
목숨도 오가는 날이 저리 환한 꽃길이고저

김상훈金尙勳(1936~2016)
1967년 매일신문 신춘문예 당선
시조집 『파종원』, 『우륵의 춤』 외
노산문학상 수상. 부산문협 회장, 부산일보 사장 역임.

杏子の花の村

金尙勳

杏子の花咲く村咲く花は実に美しい
咲く花越しの散る花も可愛い
死の間際の命まで輝く花の途になれ

1967年 毎日新聞新春文芸に当選。
時調集『播種苑』『于勒の踊り』の外
鷺山文学賞受賞。釜山文人協会会長、釜山日報代表取締役
歴任。

대

김교한

맑은 바람 소리 푸르게 물들이며

어두운 밤 빈 낮에도 갖은 유혹 뿌리쳤다

미덥다 층층이 품은 봉서 누설 않는 한 평생.

1966년 《시조문학》 천료.
시조집 『대』, 『잠들지 않는 강』 외
유심작품상 특별상, 한국문학상 수상 외

竹

金教漢

清い風の音青く色染める

暗い夜も空いている昼も様々な誘惑を撥ね付けた

頼もしい、幾重も畳んだ折紙、固い口の生涯。

1966年 《時調文学》推薦。
時調集『竹』『眠らぬ河』外。
唯心作品賞特別賞、韓国文学賞受賞の外。

눈썹달

장정문

그 언제 만나자는 기약도 없었는데

너! 이렇게 아! 이렇게 말도 없이 찾아와서

한 밤을 혼자 지새우고 돌아가는 눈썹달아.

장정문張正文(1936~2019)
1936년 김천 출생. 1968년 신아일보 대구매일 신춘문예 당선. 시조집『두메꽃』,『思鄕春』

三日月

張正文

脈有りか無しかも決めつけないまま

君よ！こんなに嗚呼！こんなにものも言わずに訪れて

一人明かした今夜、帰る三日月よ。

1936年、慶北の金泉の生まれ。1968年、〈新亜日報〉〈大邱毎日〉新春文芸当選。時調集『山奥の花』『思郷春』の外。

독법

박시교

산 이라 써 놓고 높다 라고 읽는다
하늘 이라 써 놓고 드높다 라고 읽는다
한 사람 그 이름 써놓고 되뇌는 말 그립다

1970년 매일신문 신춘문예와 《현대시학》 추천으로 등단. 시조집 『가슴으로 오는 새벽』 외. 이호우시조문학상 수상 외

読み方

朴始教

「山」と書いて「高い」と読む
「空」と書いて「高らか」と読む
彼一人の名前書いて繰り返す言葉、懐かしい

1970年、〈毎日新聞〉と《現代詩学》の推薦にて登壇。時調集『胸にてやってくる明け方』の外。李鎬雨時調文学賞 受賞の外。

백자白瓷

류상덕

겨우내 무심無心을 배워
낮달처럼 희던 백자白瓷,

돌아와 몽롱한 밤엔
도사리라 여겼더니

봄 들자
창窓빛을 옮겨
목련일사 버는구나.

류상덕柳相德(1940~2017)
일본에서 태어나 대구에서 자람. 1971년 서울신문 신춘문예로 등단. 시집 『백모란 곁에서』, 『비우고도 또 남거든』, 『바라보는 사람을 위하여』 외. 이호우시조문학상, 대구시문화상 등 수상 외. 오성중학교 교장 역임.

白磁

柳相德

冬すがら無心との出逢い
昼間月の白かりける白磁、

戻ってはおぼろ月夜
潜み続けたと思うものを

早春の今朝
窓の光を走らせて
木蓮の日差しを添える

日本生まれ、大邱育ち。1971年〈ソウル新聞〉新春文芸にて登壇。詩集『白牡丹の傍らにて』『空にしても未だ残ると』『眺める人のために』の外。李鎬雨時調文学賞・大邱市文学賞 受賞の外。五星中学校長を歴任。

화엄의 바다

석성우

보아라 저 아름다운 푸른 보석 광채를

들어라 저 은밀한 고요의 작은 소리를

오늘도 마음자리에 웃고 있는 돌부처.

1971년 중앙일보 신춘문예 당선. 시조집 『연꽃』외. 현) BTN 불교방송국 원장.

華厳の海

釋性愚

見よ、あの美しき青き宝の光彩を

聞けよ、あの密かな物静けさの微吟を

今日も心根に微笑む石仏。

1971年、〈中央日報〉新春文芸当選。時調集『蓮華』の外。
現）BTN仏教放送局院長

남해 보리암에서

김원각

소원 따위는 없고
먼 하늘에 부끄럽다

이 세상 누구에게도
그리움 되지 못한 몸

여기 와 무슨 기도냐
별 아래 그냥 취해 잤다.

김원각 金圓覺(1941~2016)
1972년 동아일보 신춘문예 당선
시조집 『허공 그리기』, 『어느 날의 여행에서』 외
정운시조문학상, 중앙시조대상 수상

南海の菩提庵にて

金円覚

所詮願い事なし
遠き空に恥ずかしい

世の中の誰にも
恋しさになれずの身

ここに至って何のお祈りにや
星の下にて寝込んでいた。

1972年 東亜日報新春文芸に当選。
時調集『虚空を描くこと』『ある日の旅に』の外。
丁芸時調文学賞、中央時調大賞受賞。

봄바다

김남환

긴 칩거 풀고 나와
뛰는 힘줄 못 가누어

삼월을 헹가래치는
저 거창한 쪽빛 행보

터질 듯 팽팽한 종아리
채찍 치는 햇살들

김남환金南煥(1933~2020)
1972년 《월간문학》 신인상 당선. 시조집 『가을 바라춤』 외. 한국예총예술문화상대상 수상 외. 한국시조시인협회 이사장 역임.

春の海

金南煥

長い蟄居屛息を自ら解いて
強く打つ血脈を持て余す

桜月の胴上げ
あの巨大な藍色の歩み

裂けんばかりの脹ら脛
鞭打ちの日差し

1972年、《月刊文学》新人賞当選。時調集『秋の鐃鈸踊り』の外。韓国芸総芸術文化大賞 受賞の外。韓国時調詩人協会理事長を歴任。

탑

박옥금

돌로 빚은 정이
이토록 사모치나

낡은 고사古寺 뜨락
독경소리 목이 타고

황혼이 젖은 묵화墨畵에
골을 우는 뻐꾸기.

박옥금朴玉金(1928~2005)
경북 청도출생. 1972년 시조집 『탑』으로 등단. 시조집 『도농리 가는 길』, 『가지산을 넘으며』, 『한 생 사는 뜻은』 외. 가람시조문학상, 노산시조문학상 수상, 한국시조시인협회 부회장 역임.

塔

朴玉金

結ばれた縁の石
此れほどまでのものの哀れ

埋もれ木の古寺の庭
読経の声に渇く喉

黄昏に濡れた墨画に
谷間を響き渡る呼子鳥。

慶北の清道の生まれ。1972年、時調集『塔』にて登壇。時調集『陶農里までの歴程』『加智山越え』『生きる意味は』の外。嘉藍時調文学賞・鷺山時調文学賞受賞。韓国時調詩人協会副会長を歴任。

변조 44

류제하

녹슨 열쇠꾸러미가 심방心房에 가득하다
아무도 정말 아무도 따낼 수 없는 시간
부러진 열쇠 하나가 칼춤을 추고 있다.

류제하柳祭夏(1940~1991)
1973년 중앙일보 신춘문예 시조 당선
1986년 경향신문 신춘문예 평론 당선
시조집 『변조』

変調 44

柳祭夏

錆び付いた鍵束が心房に満ち渡る
誰も決して錠前を外せない時間
壊れた鍵一つが剣舞を舞っている。

1973年 中央日報新春文芸に時調当選。
1986年 京郷新聞新春文芸に評論当選。
時調集『変調』

팽이

이우걸

쳐라. 가혹한 매여 무지개가 보일 때까지
나는 꼿꼿이 서서 너를 증언하리라
무수한 고통을 건너 피어나는 접시꽃 하나.

1973년 《현대시학》 등단
시조집 『아직도 거기 있다』, 『주민등록증』 외
중앙시조대상 수상 외. (사)한국시조시인협회 명예 이사장

独楽

李愚杰

打て。過酷な鞭よ、虹が見えるまで
私はまっすぐに立って君を証言する
数えきれぬ苦痛を越えて咲き始める一本の立葵。

1973年《現代詩学》登壇。
時調集『まだそこにいる』『住民登録証』の外。
中央時調大賞受賞の外。(社)韓国時調詩人協会名誉理事長。

심부름

서우승

미래사 가는 길에
내생來生 만한 꽃을 만나

스치는 눈인사에
절이 한 채 생겨나서

심부름 까마득 잊고
소풍 속에 노닌다.

서우승徐愚昇(1946~2008)
1973년 서울신문 신춘문예 당선
시조집 『카메라 탐방』, 『당신 하나로 하여』 외
이호우시조문학상, 청마문학상 수상

お使い

徐愚昇

未来寺に行く道程に
後世の花に出会い

すれ違う目礼に
あの寺が思い浮かんで

お使いをすっかり忘れて
遠足の中に逍遙する。

1973年 ソウル新聞新春文芸に当選。
時調集『カメラ探訪』『君一人にして』の外。
李鎬雨時調文学賞、青馬文文学賞受賞。

장백폭포

김영재

목어는 속 비워야 소리가 맑아지고

밴댕이 속 좁아서 망망대해 제 것이다

장백산 一字 폭포는 떨어, 떨어져야

1974년 《현대시학》 등단
시조집 「화답」, 「홍어」 외
이호우시조문학상, 고산문학대상 수상 외

長白滝

金永在

木魚は中身を空にすれば清くなり

サッパは心が狭くて茫々たる海原が自分のものだ

長白山の一字滝は流れ落ちる、流れ落ちては

1974年 《現代詩学》 登壇。
時調集 『和答』, 『雁木鱚』の外。
李鎬雨時調文学賞、孤山文学大賞受賞の外。

무화과無花果

정재익

영욕榮辱은
알 리 없고
허술한 이 연륜年輪을

남몰래 잎으로 다져
안으로 흐르는 개화開花

그래도
한 목숨이 아려
피로 맺힌 무화과.

정재익鄭在益(1930~2014)
경북 청송 출생. 1974년 시조집 『무화과』로 등단. 시조집 『무화과』, 『가지에 걸린 紙燈』, 『아침 산행』 외. 영남시조문학회 회장, 대구문인협회 회장 역임.

無花果

鄭在益

栄辱は
安んぞ知らんや
見窄らしき年輪を

密かにあの葉この葉の絆
心底に流れる開花

然ればとて
嗚呼、痛む命よ
血の物語の無花果。

慶北の青松の生まれ。1974年、時調集『無花果』に登壇。
時調集『無花果』『枝にかかる紙灯』『朝の山歩き』の
外。嶺南時調文学会会長・大邱文人協会会長を歴任。

사월 이후

조영일

하늘 부끄러운
피여 달아올라라

눈물 반 섞여 흐르는
사월의 흙바람 속

덧없이 살아 남아서
진달래꽃 따문다.

조영일趙英一(1944~2023)
1975년《월간문학》신인상 및《시조문학》추천
시조집『바람 길』외
이호우시조문학상 수상 외

四月以後

趙英一

空まで恥じ知らぬ
血よ、熱くなれ

涙半分混ざって流れる
四月の土風の中

はかなくも生き残って
躑躅の花を摘む。

1975年、《月刊文学》新人賞および《時調文学》推薦
時調集『風の路』の外。
李鎬雨時調文学賞受賞の外。

미소

조주환

몇 억 광년이나
몇몇 겁을 굽이돌다

관음의 아미蛾眉에 닿아
푸른 숨결로 깨어난 듯

척박한 이 땅을 밝히는
영혼의 꽃 한 떨기

1976년 《월간문학》 신인작품상. 1977년 《시조문학》 추천. 시조집 『독도』, 『사할린의 민들레』 외. 경상북도문화상(문학부문) 수상 외.

微笑み

曺柱煥

幾とせの億光年も
幾つかの億劫の輪廻

観音の蛾眉に巡り合い
青き息吹に目覚める

荒れ地の土地を明かす
魂の一房の花

1976年、《月刊文学》新人作品賞。1977年《時調文学》の推薦。時調集『独島』『サハリンのたんぽぽ』の外。慶尚北道文化賞（文学部門）受賞の外。

차 한 잔

김몽선

채송화 그 질박한
분홍 춤을 깨워놓고

마주한 얼굴 위엔
한 세대 고운 주름

설록차
그윽한 내음
젖어보는 노을 한 때

김몽선 金夢船(1939~2014)
울릉도에서 출생. 1977년 《월간문학》 신인작품상으로 등단.
시조집 『한지·냉이꽃 그 하얀 이마』, 『쓸쓸해지는 연습』 외.
한국시조문학상, 윤동주문학상 우수상 수상.

お茶一杯

金夢船

飾り気の知らぬ松葉牡丹
薄赤の踊りを覚まし

見合わせた顔の上には
人生一つの美しき皺

雪緑茶
その芳しい香りよ
夕焼けのひとときに耽ける

慶北の鬱陵の生まれ。1977年〈月刊文学〉新人作品大賞にて登壇。時調集『韓紙、薺の花、その白き額』『寂れる稽古』の外。韓国時調文学賞・尹東柱文学賞優秀賞受賞。

귀로 쓴 시

이승은

햇살의 고요 속에선
ㅉㅉㅉ, 소리가 나고

바람은 쥐가 쏠 듯
ㅅㅅㅅ, 문틈을 넘고

후두엽 외진 간이역
녹슨 기차 바퀴 소리

1979년 문공부. KBS 주최 전국민족시대회로 등단
시조집 『얼음동백』, 『넬라판티지아』 외
이영도시조문학상 수상 외. 오늘의시조시인회의 의장 역임

耳で書いた詩

李承恩

陽射しの寂寞の中に
ㅉㅉㅉ、音がして

風は鼠が打つように
ㅅㅅㅅ、戸の隙間を越えて

後頭葉の人里離れた簡易駅
錆びた汽車の車輪の音

1979年 文化公報部及びKBS主催全国民族詩大会を経て登壇。
時調集『氷の椿』『Nella Fantasia』の外。
李永道時調文学賞受賞の外。今日の時調詩人会議議長。

천추千秋

박기섭

내게 봄이 다였다면
어인 꽃이 피리

하늘 소금밭에
천둥 번개가 오리

살과 피 다 삭은 천추千秋,
눈먼 별이 뜨리

1980년 한국일보 신춘문예 당선. 시집 『키 작은 나귀 타고』, 『默言集』 외.

千秋

朴基燮

僕にあの春がすべてだったら
如何に花咲きなむや

空の塩畑に
雷と稲妻が走る

血肉の擦り切れた千秋、
盲の星が出る

1980年、〈韓国日報〉新春文芸当選。詩集『寸足らずの驢馬に乗って』『黙言集』の外。

오백년 입맞춤

이정환

느티나무 오백년
오백년 그늘 아래

뜨거운 입맞춤이
시간을 멈추게 했네

시간을 멈추게 했네
오백년 입맞춤이

1978년 《시조문학》 추천완료. 1981년 중앙일보 신춘문예 당선. 시조집 『오백년 입맞춤』 외.

五百年の口づけ

李正煥

欅の五百年
五つの百年の物陰

熱き口付け
時間を止めさせたのだ

時間を止めさせたのだ
五百年の口付け

1978年、《時調文学》推薦登壇。1981年 中央日報 新春文芸 当選。時調集『五百年の口付け』の外。

해당화

리강룡

인적 없는 이 갯가에 내가 홀로 선다 해도
진분홍 꽃등불을 적요의 뜰에 높이 달고
한 생애 가시 끝을 벼리어 나를 초달하리라

 편집순서에 리강룡 사고 싶은 노을로 되어있는데 경북의 시조에 해당화가 수록되어있음

1983년 매일신문 신춘문예 당선 및 《시조문학》천료 등단. 시조집 『신지리』 외. 중부신문 논설위원.

浜茄子

李康龍

人影のない浦浜一人きりにて立つといえども
濃き桃色の花の灯火を寂寥の庭に高くとりつける
一生のとげの先を鍛えて我を鞭打ちせん

1983年、〈毎日新聞〉新春文芸当選および《時調文学》の推薦にて登壇。詩集『薪旨里』の外。現）慶北中部新聞論説委員。

엉겅퀴 2

고정국

쉽사리 야생의 꽃은
무릎 꿇지 않는다

빗물만 마시며 키운
그대 깡마른 반골의 뼈

식민지 풀죽은 토양에
혼자 죽창을 깎고 있다

1988년 조선일보 신춘문예 당선
시조집 『민들레 행복론』 외
이호우시조문학상 수상 외

あざみ 2

高正国

難なく野生の花は
ひざまずくことはしない

雨水ばかり飲んで育てた哭
君の痩せすぎの反骨の骨組

植民地の萎れた土壌
一人で竹槍を削り落している

1988年 朝鮮日報新春文芸に当選。
時調集『たんぽぽの幸福論』の外。
李鎬雨時調文学賞受賞。

담쟁이

권갑하

삶은 가파른 벽을
온몸으로 오르는 것

무성한 잎을 드리워
속내는 숨기는 것

비워도 돋는 슬픔은
벽화로 그려낼 뿐

1958년 문경출생. 1992년 조선일보, 경향신문 신춘문예 당선. 시조집 『아름다운 공존』 외. 중앙시조대상 수상 외.

蔦

權甲河

暮らしは険しき障壁を
渾身の胸突き八丁の道程

生い茂る葉っぱを垂らし
内情は隠すもの

空にしても芽ぐむ悲しさ
壁画にて描くばかり

1958年、慶北の聞慶の生まれ。1992年、〈朝鮮日報〉と〈京郷新聞〉の新春文芸当選。時調集『美しき共存』『道連れ』の外。中央時調大賞 受賞の外。

그 죄

이종문

그대, 그 죄를 다, 다 어이 감당할래
엄청 눈물겹고 아프도록 부신 봄을
아 그냥 다 보내놓고 죄인 줄도 모른 그 죄!

경북 영천 출생. 1993년 경향신문 신춘문예 당선. 시집 『저녁 밥 찾는 소리』, 『봄날도 환한 봄날』 외.

あの罪

李鍾文

　君、あの罪をすべて、すべて如何に耐えられるものか
　甚だしく涙ぐましき病めるほど照り輝くこの春を
　嗚呼、馬鹿丸出しの罪知らずのあの罪！

慶北の永川の生まれ。1993年、〈京郷新聞〉の新春文芸当選。詩集『夕御飯を手探る音』『春の日も明るい春の日』の外。

눈썹이 젖다

손수성

중환자실 창문은 바다에 젖어 있다
방파제와 등대는 하늘에 젖어 있다
태풍이 암벽을 덮쳐 그 너울 솟구치고 있다

경북 풍기출생. 1994년 경향신문 · 매일신문 신춘문예 당선.
시조집 『청동의 바람』, 한국시조문학상 수상.

眉毛が濡れる

孫洙星

集中治療室の窓は海に濡れている
波除けと灯台は空に濡れている
野分きは岩壁を襲って荒波を立てている

慶北の豊基の生まれ。1994年、〈京郷新聞〉と〈毎日新聞〉の新春文芸当選。時調集『青銅の風』。韓国時調文学賞受賞。

아라홍련

박방희

칠백 년 된 연꽃 씨가 꽃을 피웠다고 한다

씨 속에 고이 잠든 세월의 강을 건너와

고려 적 그 어느 하루 여름날이 꽃핀 것이다

*지난해(2009년) 경남 함안군 성산산성에서 발견된 고려시대 연꽃 씨앗 8개 중 3개가 최근 발아해 꽃을 피웠다. 이 씨앗은 탄소연대측정 결과 650년과 760년 전의 것으로 판명되었다. 경남 함안군은 함안의 가야시대 지명인 '아라'를 따서 이 연꽃들을 '아라홍련'으로 명명했다.

박방희朴邦熙(1946~2022)
2009년《유심》시조추천.
시조집『너무 큰 의자』,『시옷 씨 이야기』, 현대시조 100인선
『꽃에 집중하다』등.
한국시조시인협회 신인상, 유심시조작품상 수상. 대구문인협회 회장(현)

阿羅紅蓮

朴邦熙

七百年の蓮華の種が花を返り咲かせたという

種の中に安らかに眠っていた七百年を渡ってきて

高麗の或る一日夏の日が花咲いたのだ

*去った2009年、慶南咸安郡所在の城山山城で発掘された高麗時代の蓮の八つの種の中、三つが発芽し花を咲かせた。この種は放射性炭素年代測定の結果、今から650—760年前のものということが分かった。慶南咸安郡は伽耶時代の地元の阿羅を取ってこの蓮華を「阿羅紅蓮」と名づけた。

2009年《惟心》推薦登壇。
時調集『大きすぎる椅子』『シオッの種物語』現代時調百人選『花に集中する』の外
韓国時調詩人協会・惟心時調作品賞 受賞。
現）大邱文人協会会長。

02

국제시조 회원 시조

수레바퀴 아래에서

권영희

구절초 흰 꽃잎이
외로 돌린 고개만큼

시간의 깃발들은
얼마나 흔들렸을까

우주의 수레를 미는
여린 잎의 기울기

2007년 《유심》 등단
시조집 『오독의 시간』 외
가람시조문학상 신인상 수상 외

車輪の下で

権英姫

白い花びらの朝鮮野菊
左に巡らした首だけ

時間の旗印は
いかほど揺れただろう

宇宙の車を押す
傾いた若葉

2007年 《唯心》 登壇。
時調集『誤読の時間』の外。
嘉藍時調文学賞新人賞受賞の外。

바다의 전설

김광희

일개미 땀방울로 소태 같이 짜진 물이

멸치 떼 뒤척여서 파도로 출렁이고

등 굽은 새우 각도로 조류들이 바뀐다

2016년 농민신문 신춘문예 당선
2015년 오누이시조 신인상 수상
시집 『발뒤꿈치도 들어 올리면 날개가 된다』 외

海の伝説

金光熙

働き蟻の汗滴は化けて苦み塩水

片口鰯の群れを転々反則うねる浪

腰の曲がった海老の思惟に変わる潮瀬

2016年 農民新聞 新春文芸 当選
2015年 オヌイ時調 新人賞 受賞
詩集 『踵も上げると翼になる』の外

용설란

김남미

한 번도 핀 적 없는 내게도 꽃이 오네
발기된 몽우리가 툭 툭 터지는 오르가슴
황홀의 극치를 달리는 그 어느 해 봄날에

2021년 매일신문 신춘문예 시조 당선

竜舌蘭

金南美

一度も咲いたことのない我にも花の訪れ
綻びた蕾のオルガスムス
エクスタシーのそれの年の春

2021年 毎日新聞 新春文芸 時調当選

귀뚜라미

김덕남

울음낭 터뜨리고 나 대신 누가 우는가

가을을 끌어안고 밤새워 누가 우는가

그믐달 새벽이슬 밟으며 한 사람을 보낸다

2011년 국제신문 신춘문예 시조 당선
시조집 『변산바람꽃』 『거울 속 남자』 외
이영도시조문학상 신인상 수상 외

蟋蟀

金德南

わっと泣き出す泣き袋、泣くのは誰私の代わり

秋を抱き締めて夜明かしで泣くのは誰

晦日の月、曙の白露踏みつつ一人を見送る

2011年 国際新聞新春文芸時調当選
時調集 『邊山黄花節分草風の花』『鏡の中の男』 外
李永道時調文学賞新人賞受賞 外

탁발

김미정

넓고 아득한 거리 헛디딘 날개 죽지

곁눈질한 모이들 빈속에 흩어지고

거꾸로 부리를 박아 발목 세워 건너는,

2004년 동아일보 신춘문예 당선
시조집 『고요한 둘레』, 『더듬이를 세우다』 외
이영도시조문학상 신인상 수상 외

托鉢

金美貞

広くて遥かな町並、空足を踏みし羽の付け根

脇見の餌は空き腹に散らばるばかり

逆さまに落ちた嘴足首立て歩く、

2004年 東亞日報 新春文芸 当選
時調集『静かなる巡り』,『触角を逆立てる』の外
李永道文学賞 新人賞 受賞の外

지심도

김봉대

동백꽃에 점령당한 지심도는 마음 감옥,
드는 이는 있어도 나오는 이가 없다
나 또한 마음을 두고 몸만 나와 배를 탄다

2022년 오누이시조 신인상 수상
2023년 《시조21》 신인상 등단

只心島

金鳳大

椿の花の野原の只心島は心の牢屋、
入る者あるが出る者なし
心残りのこの身も船に乗り込む

2022年　オヌイ時調　新人賞　受賞
2023年　《時調21》　新人賞　登壇

용접

김소해

어디서 놓쳤을까 손을 놓친 그대와 나

실마리 찾아가는 길 불꽃이어도 좋으리

뜨겁게 견뎌야하리 녹아드는 두 간극

1988년 부산일보 신춘문예 당선
시조집 『치자꽃연가』, 『흔들려서 따뜻한』 외
성파시조문학상, 이영도시조문학상 수상 외

溶接

金素海

どこで逃したのか手放したあなたと私

糸口を辿る路は火花でも幸せ

熱く耐えるのだ溶け込む二人の隙間

1988年 釜山日報新春文芸に当選。
時調集『稚子の花の恋歌』『揺れて暖かい』の外。
性坡時調文学賞、李永道時調文学賞受賞の外。

쓸다
-벚꽃 지는 날에

김영숙

사나흘 꽃 보자고 일 년 마당 쓴다는 그녀

바쁠 것 없는 비질 평생의 기도일까

어쩌면 분분한 꽃잎 팔순 당신 발자국

2006년 《시선》 등단
시조집 『발가락 낙관』

掃く
-桜散る日に

金暎淑

わずか三日間そして一日花を見るとて庭を掃くという彼女

急ぐに足らぬ掃くことは、生涯の祈りかな

蓋し、飛び交う花びらの八十路のあなたの足跡

2006年 《視線》 登壇
時調集 『足指の落款』

기일忌日

김용주

아버지 기일 덮친 폭설이 길을 덮고

생전의 당신 입맛 두부전 굽는 어머니

아득한 끈으로 잇는 보이지 않는 길 하나

2009년《시조세계》《대구문학》신인상 등단
점자겸용시조집『본다, 물끄러미』외
대구시조문학상 수상 외

命日

金容珠

父の命日の白魔襲来の道路

在りし日の父の好きだった豆腐煎を焼く母

遥かな紐を結び合わせる見えない路一つ

2009年 《時調世界》 《大邱文学》 新人賞登壇
点字併用時調集 『見る、じっと』 外
大邱時調文学賞受賞 外

호랑나비의 잠

김윤숙

그 어느 그리움에 한 목숨 부려놓나

꼼짝없는 창 틈새 가슴을 곧추세워

붉은 점 실가닥날개 아스라이 꿈을 좇네

2000년 《열린시학》 등단
시조집 『장미 연못』 『참빗살나무 근처』 외
시조시학상 수상 외

揚羽蝶の眠り

金允淑

ある懐かしさに命を下ろす

身じろぎできぬ窓の隙間の胸を立て

赤い点の糸一本の翼、かすかに夢を追う

2000年 《开放文学》 登壇。
時調集『薔薇の池』『檀の近所』の外。
時調詩学賞受賞の外。

명창

김일연

죄는 다 내가 지마 너는 맘껏 날아라

진초록에 끼얹는 뻐꾸기 먹빛 소리

외딴집 낡은 들마루 무너져 앉은 늙은 아비

1980년 《시조문학》 등단
시조집 『명창』, 『엎드려 별을 보다』 외
이호우 · 이영도시조문학상 수상 외. 현재 (사)국제시조협회 부이사장

歌の聖

金一鶯

全ての罪は我のもの、そなたは心行くまで空を飛べ

青みどり振り撒く郭公鳥の墨色の声

離れ屋の崩れ落ちた古き縁側、老け父座る

1980年《時調文学》登壇。
時調集『歌の聖』『伏して月を見上げる』の外。
李鎬雨・李永道時調文学賞受賞の外。現在、(社) 国際時調協会副理事長

시냇물

김임순

폭포를 견뎌 낸 시냇물의 맑은 얼굴

서늘한 소용돌이 눈물도 다 쏟아내고

비운 속 하늘을 담아 솔잎 하나 데려간다

2013년 《부산시조》, 《시와 소금》 등단
시조집 『경전에 이르는 길』 외
공무원문예대전 안전행정부장관상. 연암청장관문학상 수상

小流れ

金壬順

滝を耐え忍ぶ小流れの綺麗な顔

冷ややかな渦巻き涙をも流し果てる

邪は捨て空を盛り込む一つ松葉旅の連れ

2013年《釜山時調》《詩と塩》登壇
時調集『経典への道』の外
公務員文芸大典、安全行政部　長官賞・燕岩靑荘館文学賞
受賞

목련

김장배

겨우내 칩거하면서
수필을 묶었나 봐

잠이 덜 깬 화선지에
담묵으로 긋는 필력,

종갓집 높은 처마가
대궐처럼 훤하다

2017년 국제신문 신춘문예 당선
시조집 『과녁』 외
매일신문 시니어문학상 수상 외

木蓮

金長培

冬すがらの蟄居
随筆を書いたよね

寝惚け眼の画仙紙
墨ぐまに走る筆力、

宗家の高き軒端は明るいお宮
明るいお宮

2017年 国際新聞新春文芸当選。
時調集『的』の外。
毎日新聞シニア文学賞受賞の外。

맨드라미

김정

고향집 아침마당에
붉은 볏 맨드라미

부지런히 땅을 긁던
토종닭 서너 마리

꼬끼오 수탉 울음이
꽃 속에서 들렸다

2004년 《현대시조》 신인상 당선.
시조집 『맨발로 온 여름』 현대시조100인선 『문자 실루엣』 외
을숙도문학상우수상. 현대시조작품상 수상.

鶏冠の花

金槙

里帰りの翌日の朝のお庭
赤いトサカの鶏冠の花

小忠実に土を搔いていた
三匹か四匹かの地鳥

コケコッコー、おん鳥の鳴き声
花の中から聞こえた

2004年 《現代時調》新人賞当選。
時調集『裸足の夏』 現代時調百人選『文字シルエット』の
外。乙淑島文学賞優秀賞・現代時調作品賞受賞。

팽이치기

김종두

소매 걷고 채 꼬나쥔
마흔 살 옆집 노총각

쳐도 쳐도 흐느적대고
무릎마저 풀려간다

몰랐네
바닥 기울어
멈춰서는 저 팽이

2012년 서울신문 신춘문예 등단
이호우시조문학상 신인상 수상

独楽回し

金鍾杜

まくった袖と握る駒の鞭
お鄰の四十路のハイ・ミスター

打ち続けてもよろめくばかり
膝さえほぐれる

気づかなかった
傾いた地べたに
止まるあの駒

2012年 ソウル新聞新春文芸登壇。
李鎬雨時調文学賞新人賞受賞。

생강꽃 눈뜨다

김정수

동박새 이른 봄날 노란 문장 불 지펴

모락모락 김이 오른 고봉 담은 차조밥

다람쥐 제 꼬리 다듬다 군침 꿀꺽 눈 반짝

2014년 국제신문 신춘문예 시조 당선
시조집 『거미의 시간』 외
제1회 외솔시조문학상 신인상 수상

生姜の花の目覚め

金貞秀

白眼雀の早春、火をつけた黄色文章

ゆらゆらと立ち上る山盛りの糯粟の飯

尻尾を整える栗鼠の生つばと輝く目

2014年 国際新聞新春文芸時調当選。
時調集『蜘蛛の時間』
第一回 0esol時調文学賞新人賞受賞。

가을밤

김진숙

풀숲에 숨어 울다 마스카라 번진 달

치르치르 풀었다가 또르또르 다시 감는

가을은 오래된 필름, 영사기를 돌린다

2008년 《시조21》 신인상 등단
시조집 『미스킴라일락』 『눈물이 참 싱겁다』 외
정음시조문학상 수상 외

秋の夜

金真淑

草むらに潜んで泣いてマスカラの滲んだ月

ガガガッと紐解いてチチチチチと巻き上げてる

秋は懐かしいフィルム、映写機を回す

2008年 《時調21》 登壇。
時調集『ミスキムライラック』『涙がなんと淡い』の外。
時調文学賞受賞の外。

무현금

김진옥

물결을 타고 노는
거문고 여섯 줄을

흰 도포 자락 끝에
차례차례 풀어 두고

한 시름 당겼다 놓았다
서산을 넘는 달빛

2023년 《시조21》 신인상 등단

無絃琴

金鎭玉

波の上を遊びゆく
琴の六弦よ

白き衣の袖の端にて
順に解き並べておき

張りてはゆるめる憂いと嘆き
西の山へ渡る月影

2023年 《時調21》 新人賞登壇

짝사랑

김희동

가만히 손 내밀면 돌아서 외면한다

저만큼 거리에서 얄밉게 바라보는

갸르릉 울음소리에 애가 타는 내 마음

2007년 《월간문학》 신인상 등단
시조집 『빗살무늬에 관한 기억』
경주문학상 수상

片思い

金姫東

手を出すと背を向けるばかり

遠く離れた所で憎げに眺める

子猫の鳴き声に苛立つ私の心

2007年 《月刊文学》 新人賞登壇。
時調集『櫛目文の想い出』。
慶州文学賞受賞。

폭포

노중석

사는 길 벼랑이란들
어찌 다 피해 가랴

깊은 소沼 곤두박혀
우레소릴 낼지라도

빛 부신 무지개 한 채
덩그렇게 놓는다

1983년 서울신문 신춘문예 당선
시조집 『비사벌 시초詩抄』, 『하늘다람쥐』 외
이호우시조문학상 수상 외

滝

盧中錫

生きていく路、断崖であっても
如何に避けて行けるものか

深い沼に逆さまに落ち込んで
雷の響きをしても

眩しい虹の一軒屋敷
高く懸けておく

1983年 ソウル新聞新春文芸に当選。
時調集『比斯伐詩抄』『エゾモモンガ』の外。
李鎬雨時調文学賞受賞の外。

노을

남승열

저녁이면 어머니 하늘길을 거니신다

아버지 곱다시던 감색치마 차려 입고

언젠가 돌아갈 고향 서촌 뜨락 노니신다

1998년 《시조문학》 신인상으로 등단
시조집 『윤이상의 바다』, 『어깨를 기대는 저녁』 외
2023년 이호우이영도시조문학상 수상

夕暮れ

南勝烈

夕暮れの母は天界路を歩む

亡き父の好きだった紺色のチマ姿

いつか帰る古里のそぞろ歩く西村の庭面

1998年 《時調文学》 新人賞 登壇
時調集 『尹伊桑の海』、『肩にもたれ掛かる夕暮れ』 のほか
2023年 李鎬雨・李永道時調文学賞受賞。

지혜

류미야

꽃들이 입 다문 것 땅들이 엎드린 것

우물이 제 몸속에 눈물샘을 감춘 것

뼛속을 비운 새들이 하늘 다 가지는 것

2015년 《유심》 등단
시조집 『눈먼 말의 해변』 『아름다운 것들은 왜 늦게 도착하는지』
중앙시조대상 신인상 수상 외.

知恵

柳媚也

花が口を噤んだもの土が伏せたもの

井戸が自分の中に涙の泉を隠したもの

骨の髄まで空にした鳥が空全てを持つもの

2015年 《唯心》 登壇。
時調集『盲目の言葉の浜辺』『美しきものは何故遅れるのか』。
中央時調大賞新人賞受賞の外。

반딧불

류현서

산기슭 외딴집 앞, 밤 깊도록 반짝반짝

소 팔러 간 아버지가 돌아오지 않았는지

아들딸 등을 켜 들고 문밖에서 서성인다

2013년 《월간문학》 신인상 등단
시조집 『흘림체로 읽는 바다』 외
울산시조 작품상 수상

ホタル火

柳炫西

山際の一軒家、夜更けまできらめく

牛売りに行った親父はまだ帰宅前

門外でうろつく明かりの息子と娘

2013年 《月刊文学》 新人賞登壇
時調集 『崩し字で読む海』 外
蔚山時調作品賞受賞

새벽

문수영

어둠이 짙을수록 별빛 달빛 밝아지고

긴 터널 숨 가쁘게 달려온 꿈의 편린들

삽시간 밀려나는 것들, 눈뜨는 순간이다

2005년 중앙일보 신춘문예 등단
시조집 『화음』『뭍으로 눕는 길』 외

有り明け

文琇暎

暗がりになるほど明い星影と月光

長いトンネルを息ぐるしく走る夢の片鱗

瞬く間に押し遣られるものは、目覚める瞬間

2005年 中央日報新春文芸登壇。
時調集『和音』『陸地に伸びている路』の外。

어떤 역설

문무학

틈도 없이 붙어 있어 그대를 잃었습니다
짬도 없이 같이 있어 그대를 잊었습니다
그대를 찾기 위해서 그대 곁을 떠납니다.

1982년 《월간문학》 신인상 등단
시조집 『낱말』, 『홑』 외
제25회 윤동주문학상, 이호우시조문학상 수상 외

或る逆説

文武鶴

隙無しに離れず君をなくした
暇無しに離れず君を忘れた
君を探すため君を離れる。

1982년 《月刊文学》 新人賞登壇。
時調集『言葉』『一重』の外。
第25回尹東柱文学賞、李鎬雨時調文学賞受賞の外。

들풀

민병도

허구한 날 베이고 밟혀
피 흘리며 쓰러져 놓고

어쩌자고 저를 벤 낫을
향기로 감싸는지…

알겠네 왜 그토록 오래
이 땅의 주인인지

1976년 한국일보 신춘문예 등단
시조집 『슬픔의 상류』, 『들풀』 외
한국문학상, 가람시조문학상 수상 외. 현재 (사)국제시조협회
이사장

野草

閔炳道

明けつ暮れつつ苅られ踏まれ
血を流し倒れて

何ということ我を苅った鎌を
香りで庇うかを…

今は分かるどうしてそんなに久しく
この地の主であるかを

1976年 韓国日報新春文芸に登壇。
時調集 『悲しみの上流』『野草』の外。
韓国文学賞、嘉藍時調文学賞受賞の外。現在、(社)国際時調協会理事長

독가촌을 지나며

문희숙

빈집 장독대 고요가 모여서
탱탱한 석류알을 키우고 있었구나
양철문 가시울타리, 다 부서진 담장 안에도

1996년 중앙일보 지상백일장 연말장원 등단.
시조집 『짧은 밤 이야기』『사랑은 주소 없이도 영원히 갈 집이다』 외.
이호우·이영도시조문학상 수상 외.

一軒家を過ぎて

文喜淑

空き家の甕置き場に満ちた静けさ
宝石の柘榴の卵育て
ブリキのドアの茨垣、壊れ果てた土塀の中にも

1996年 中央日報紙上白日場年末壯元登壇。
時調集 『短夜小話』 『恋は住所無しでも永遠に行く道だ』 の外。
李鎬雨・李永道時調文学賞 受賞の外。

변산바람꽃

박경화

봄 햇살 기다리는 산자락 시부거리*
아기부처 조는 듯이 눈 위에 앉아있네
바람은 젖 물려놓고 살그머니 떠나고

*변산바람꽃 군락지로 유명한 토함산 자락의 동네 이름.

2015년 제1회 백수문학 신인상, 2016년《시조21》신인상
시집『채석강 독법』외

辺山春花

朴慶花

春の日陰を待つ山裾のシブゴリ
赤ちゃんの仏像微睡が如く雪の中に正座姿
風は添え乳したまま忍びやかに去る

*シブゴリ ： 辺山春花の群落地(Eranthis byunsanensis B.Y.Sun')として有名な吐含山の山裾にある町の町名。

2015年 第一回、白水文学新人賞受賞、2016年《時調 21》新人賞。
詩集『彩石江読法』の外。

초저녁

박명숙

풋잠과 풋잠 사이 핀을 뽑듯, 달이 졌다

치마꼬리 펄럭, 엄마도 지워졌다

지워져, 아무 일 없는 천치 같은 초저녁

1993년 중앙일보 신춘문예 당선
시조집 『은빛 소나기』, 『어머니와 어머니가』 외
중앙시조대상, 이영도시조문학상 수상 외

宵

朴明淑

仮寝の間、ピンを引き抜くように、月が傾いた

裳の端が靡いて、母も掻き消えた

消えて、事も無げな馬鹿な宵

1993年 中央日報新春文芸に当選。
時調集『銀色の俄か雨』『母と母が』の外。
中央時調大賞、李永道時調文学賞受賞の外。

유년의 여름

박미분

달빛을 기워 입은 하얀 박꽃 지붕 아래

모깃불 피워놓고 멍석 위에 누워보면

스르륵 내 잠을 깨우는 이름 모를 별 하나

2021년 《시조21》 신인상 등단
시조집 『두고 간 시간』

幼年時代の夏

朴美分

継ぎ接ぎの月光を着る白い夕顔の屋根下

蚊遣り火を焚いて藁薦に横たわると

するりと眠りを醒ます名も知らぬ星一つ

2021年 《時調21》 新人賞登壇。
時調集『置き去りの時間』

가을 칠판

박미자

제트기 한 대가 머리 위로 휙 지나갑니다

새하얀 분필로 밑줄을 그었습니다

마음에 새겨야 할 말 잊지 말란 뜻인가요

2009년 부산일보 신춘문예 당선
시조집 『그해 겨울 강구항』 『도시를 스캔하다』
김상옥백자예술상 신인상 수상 외

秋の黒板

朴美子

一台のジェット機が頭の上にさっと通り過ぎます

真白いチョークで下線を引きました

心に刻むべきこと忘れないでねの意味でしょうか

2009年 釜山日報新春文芸当選。
時調集『その年の江口港』『都市をスキャンする』
金相沃白磁芸術賞新人賞受賞の外。

저녁 무렵

박서익

흔들리는 잎새마다 정을 주는 붉은 노을
양손에 들고 나간 쓰레기와 재활용품
머리에 앉은 서리는 못 버리고 돌아왔다

2020년 《시조21》 신인상 등단

入相

朴瑞益

揺れる葉ごとに隈無く心を許す赤い夕焼け
両手に持つごみ袋とリサイクル
頭に降りた霜は捨てられず帰ってきた

2020年 《時調21》 新人賞登壇。

오후 3시

박종구

늙은 강이 기차를
들었다 놓는 사이

하늘을 헹굼질하며
구름 한 점 떠서 간다

기차가 그냥 지나쳐도
손 흔드는 허수아비

2012년 《월간문학》 등단
시조집 『질경이의 노래』 외

午後 3時

朴鍾求

老いた川が汽車を
浮かべては取り降ろす中を

空を濯ぐ
流れる雲一片

素通りの汽車に
手を振る案山子

2012年 《月刊文学》登壇。
時調集『大葉子の唄』の外。

꽃 한 송이

백이운

그대 이미 세계의 한 송이 꽃이거늘

피어나지 못할까 두려워하지 마시라

세상이 그대 어깨에 고요히 기대 있음을.

1977년 《시문학》 추천완료
시조집 『슬픔의 한복판』, 『무명차를 마시다』 외
한국시조작품상, 이호우시조문학상 수상 외

一輪の花

白利雲

君はこの世の一輪の花よ

咲けぬことなど恐るべからず

凭れかかるあなたのの此岸。

1977年《詩文学》推薦。
時調集『悲しみの真ん中』『名無し茶を飲む』の外。
韓国時調作品賞、李鎬雨時調文学賞受賞の外。

동백꽃

서석조

살포시 다가온 봄이 불씨가 되었습니다

확 하고 입을 벌려 귓불을 물었습니다

지지직 가슴이 타며 다리가 풀렸습니다

2004년 《시조세계》 등단
시조집 『돈 받을 일 아닙니다』 『사진첩』 외
한국해양문학상 수상 외

花椿

徐錫祚

そっと近づきし頬が火種になりました

大口を開けて耳朶を噛みつきました

胸が焦がれては膝の力が抜けてしまいました

2004年 《時調世界》 登壇
時調集 『お金を受け取る話ではありません』『写真集』 外
韓国海洋文学賞受賞 外

처서 무렵

서숙희

풀벌레 울음소리 옥양목의 가위질 같다

차가운 별빛은 물에 씻어 박은 듯

잊고 산 세상일들이 오린 듯이 또렷하다

1992년 매일신문, 부산일보 신춘문예 당선
시조집 『아득한 중심』, 『손이 작은 그 여자』 외
김상옥시조문학상, 이영도시조문학상 수상 외

処暑の折

徐淑熙

草の虫の鳴き声はカナキンの挟み仕事のようだ

冷たい星影は水洗して挿し込んだように

忘れてきた世間話が切り取ったように見え見えだ

1992年 毎日新聞・釜山日報新春文芸に当選。
時調集『遥かな中心』『手の小さいその女』の外。
金相沃時調文学賞、李永道時調文学賞受賞の外。

홍시

성국희

살아 내가 하는 일은 생을 말랑 익히는 일

떨떠름한 생각들도 뼈가 삭는 서러움도

가을볕 그대 섬기며 또 하루 철이 든다

2011년 서울신문, 농민신문 신춘문예 당선
시조집 『꽃의 문장』 외
이영도시조문학상 신인상 수상

紅柿

成菊姫

生きる自分の物事はふわふわと人生を実らす

さっぱりせぬ物思いも骨の朽ちる悲しみも

秋の陽射しは貴方ため又回心の一日よ

2011年 ソウル新聞・農民新聞 新春文芸 当選
時調集『花の文章』の外
李永道時調文学賞 新人賞 受賞

맹지

손확선

한 줄 안부 놓쳐버린 너의 맘 깊은 곳에
샛길 하나 있었던가 기억조차 희미한데
발 디딜 엄두를 끊고 찔레꽃만 만발이다

2017년 《시조미학》 등단
시조집 『먼 산에 진달래꽃』

めくら地

孫碻仙

安否の一行も書き飛ばした君の心の奥に
脇道一つあったのか記憶さえ霞んでいる
思いもよらぬ足踏みの野茨だけの花盛り

2017年 《時調美学》 登壇。
時調集『遠山の躑躅の花』。

범람

신필영

목마른 여름밤이
소리로 흥건하다

세상의 모든 잡음
담갔다가 건져내나

어둠에 떠밀려가며
목을 놓는 매미 일족

1983년 한국일보 신춘문예 등단
시조집 『달빛 출력』, 『둥근 집』 외
이호우시조문학상 수상 외

氾濫

申佖栄

乾く夏の夜
音で満ちる

この世の雑音
浸して掬う

闇に巻き込まれ
痛哭の蝉一族

1983年 韓国日報新春文芸に当選。
時調集『月影の出力』『丸い家』の外。
李鎬雨時調文学賞受賞の外。

목이 잠기다

심금섭

탁란托卵의 둥지 곁을
해종일 맴돌면서

목소리 잊지 말라고
엄마는 다짐한다

오뉴월 긴 긴 하루 해,
피 토할 듯 뻐꾹, 뻐꾹

2019년 《시조21》 신인상 등단

しゃがれ声

沈金燮

托卵の塒の周りを
一日中見守る

声だけは忘れないようにと
母は祈る

五六月の長くて長い一日、
血を吐きそうカッコウ、カッコウと鳴く

2019年 《時調21》 新人賞登壇。

고향

심석정

홀로 익어 덩그런 누렁호박 몇 덩이와

씨앗들 다 내려놓은 빈 대궁 목울대와

석양에 뒤꿈치 들고 선 흰 고무신 한 켤레

2004년《시조문학》등단
시조집『향기를 배접하다』,『물푸레나무를 읽다』외

ふる里

沈晳珽

独りで実って黄ばんだ幾つかの南瓜と

全ての種物を取り下ろした空っぽの竹の声差しと

夕陽に踵をあげて立った白いゴム靴一足

2004年 《時調文学》登壇。
時調集『香りを裏打ちする』『柊を読む』の外。

어머니의 자리

안병갑

강 너머 새 날리며 낮달을 이고 사는
어머니 가슴 속에 비워 둔 바람 집 한 채
오늘은 길 잃은 구름 잠시, 앉아 쉬어 간다

2019년《대구문학》신인상 등단

母親の跡

安秉甲

川の向うに鳥を飛ばし昼の月を頭に載せる
母の胸の奥に包んでおいた風の一軒
今日は路に迷った雲の一休み、二河白道

2019年 《大邱文学》 新人賞登壇。

못다 쓴 시

양점숙

그해 겨울 우리는 물주전자처럼 끓었다

몇몇은 암울한 무지에 살을 먹이다

때로는 무장 해제된 장수처럼 절망했다

1989년 이리익산 문예백일장 장원
시조집 『앉은뱅이 들꽃』 외
가람시조문학상 수상 외. 가람기념사업회 명예 회장

書き切れなかった詩

梁点淑

あの年の冬の我らは熱き湯沸かし

幾人は暗鬱な無知に矢を番える

時には武装を解いた落ち武者の絶望

1989年 裡里益山文芸時調大会大賞。
時調集『野菫』の外。
嘉藍時調文学賞受賞の外。嘉藍記念事業会 会長。

흙, 노래하다
-오카리나

오은주

나, 흙으로 돌아가면 어떤 빛의 소리 날까?

뼈와 살 곱게 부서져 한 줌 흙이 되는 날

귀먹은 풀꽃 한 송이 춤추게 할 수 있을까

2015년 국제신문, 경상일보 신춘문예 당선
시조집 『달빛 길어 올리기』 외

土、詠う
-オカリナ(ocarina)

呉銀珠

私、土に戻るとどんな光の音すものや

骨身静かに砕けては一握りの瞬間

耳遠き一輪の草花踊らせるものか

2015年 国際新聞・慶尚日報 新春文芸 当選
時調集 『月光の汲み上げ』の外

눈물

우정숙

꼭꼭 써내려간 내안의 비밀문서

그믐달 몰래오면 가끔씩 꺼내 본다

눈으로 줄줄 읽다가 누가 볼까 얼른 덮는

2014년 《시조21》 신인상 등단
시조집 『너도 꽃』 외

涙

禹貞淑

力を込めて書き下ろした私の内緒の秘密文書

晦日の月下、忍び来ると、たまには引き出して読む

目を走らせるところ、仮初めにもさっさと本を閉じる

2014年《時調21》新人賞登壇。
時調集『君も花』の外。

청도 가는 길

유설아

하늘을 가로질러 구름 한 점 흘러간다

가는 곳 묻지 않고 무무무 가다보면

신발을 벗고 걸어갈 맑은 길도 보인다

2016년 《시조문학》 등단
울산시조작품상 수상

清道迄の道程

兪雪雅

空を横切る雲一片流れる

行き先聞かずして又も無口に行くのなら

靴も要らぬ清き道も見えて来る

2016年 《時調文学》登壇
蔚山時調作品賞 受賞

모란은 지고

윤경희

그 격정의 소용돌이 이젠 잔잔해졌구나

무심한 시간들은 네 붉은 입술을 훔치고

꿈꾸듯 타버린 열망, 민낯으로 서있네

2006년 《유심惟心》 신인상 등단
시조집 『비의 시간』, 『붉은 편지』, 『태양의 혀』 외. 시선집 『도시 민들레』
대구예술상, 이영도시조문학신인상 수상 외

牡丹は散る

尹慶姫

あの激情の渦巻き、漸く静まり返った

無心の時間は君の丹唇を盗んで

夢見るごとく燃え尽きた熱望、立往生の地顔

2006年 《惟心》新人賞登壇。
時調集『雨の時間』『赤い手紙』『太陽の舌』の外。詩選集『都市のタンポポ』
大邱芸術賞・李永道時調文学賞新人賞受賞。

발인

이광

잠깐을 머물다 갈 길손인 걸 알면서도

새가 막 자릴 뜨자 나뭇가지 요동친다

한 사람 길을 떠나는 하늘이 참 푸르다

2007년 국제신문 신춘문예 당선
시조집 『소리가 강을 건넌다』, 『시장사람들』 외
부산시조 작품상, 이호우시조문학상 신인상 수상

出棺

李垙

束の間だけ宿して去る旅人とは知りつつ

飛び上がったばかりの鳥、横揺れの梢

一人旅立つ空はいつになく実に青い

2007年 国際新聞 新春文芸 当選
時調集『音が河を渡る』『市場の人々』の外。
釜山時調 作品賞・李鎬雨時調文学賞 新人賞 受賞

빈 병

이남순

쓰러져 본 사람만이
섰던 날을 기억한다

가득 차 있을 때는
듣지 못한 숨비소리

나누고
비운 후에야
바람과 섞이는 몸

2008년 경남신문 신춘문예 등단
시조집 『이녁이란 말 참 좋지요』 외
김상옥시조문학상 수상 외

空き瓶

李南順

倒れた人だけが
立った日を覚える

満ちているときには
聞こえぬ荒い息づかいの音

分けて
空にして
やっと風と混ざる体

2008年 慶南新聞新春文芸登壇
時調集 『おとっつあんって暖かい呼び名ですね』 ほか
金相沃時調文学賞受賞ほか

눈 오는 날

이두의

꽃 닻줄 늘어뜨린
자양 대교 불빛 속을

좋아라 뛰어드는
어린 발의 눈송이야

내 앞에 환히 있다고
다 좋은 것은 아니다

2011년 《시조시학》 등단
2017년 이영도시조문학상 신인상 수상 외
시낭송 지도 강사

雪降る日

李頭義

花の碇縄を垂らした
紫陽大橋の光の中を

無邪気に飛込む
まだは幼き足の雪片よ

眼前に白いからとて
全てがいいものにあらず

2011年《時調詩学》登壇。
2017年 李永道時調文学賞新人賞受賞。
時朗誦 指導講師。

우리는

이상진

우리는 살아있기에 치열하게 대립하고
우리는 함께 있어 서로를 의지한다
때로는 천둥소리의 심장박동 들으며

1990년 《시조문학》 등단
시조집 『남도 가는 길』 『하늘이 푸르른 날』 외
나래시조문학상 수상 외

我らは

李相珍

我らは生きているから熾烈な対立
我らは共にいるから慰め合う
時には雷鳴の心臓拍動を聞いて

1990年 《時調文学》 登壇。
時調集『南道にいく路』『空青き日』の外。
ナレ時調文学賞受賞の外。

산정운무

이서원

소처럼 산을 끌고 준령을 넘고 있다

바람은 허옇게 등을 연신 쓰다듬으며

뒤틀린 시대의 상처 뼈마디를 동여맨 채

2008년 부산일보 신춘문예 당선
시조집 『달빛을 동이다』, 『뙤창』 외

山頂雲霧

李瑞源

　牛のように山を引いて険しい山を越えている

　時折の風は背中をしっかりと引っ切り無しに撫で下ろす

　歪んだ時代の傷口の骨っ節を括り付けたまま

2008年 釜山日報新春文芸当選。
時調集 『月光を縛る』『ドアの小窓』の外。

휴지

이솔희

당신이 손 내미는 곳 나 거기 있을게요

언제든 어느 곳이든 주저없이 기다릴게요

이 한 몸 오롯이 펼쳐 당신 허물 닦을게요

2002년 경향신문 신춘문예 당선
시조집『겨울 청령포』
한국시조시인협회 신인상 수상

懐紙

李率熙

あなたが手を差し伸べる其処に私はいます

何時でも何処でも躊躇なく待ちます

私一人余す所なくあなたの無き名を拭きます

2002年 京郷新聞 新春文芸 当選
時調集『冬の清泠浦』
韓国時調詩人協会 新人賞 受賞

동백

이승현

오고 가는 것에도 각본이 있는 걸까

오늘 또 바람 불어 줄거리 헝클어지고

사진기 찰칵 소리에 툭, 떨어지는 동백꽃

2003년 《유심》 등단
시조집 『빛 소리 그리고』 『사색의 수레바퀴』 외
이호우시조문학상 신인상 수상 외

椿の花

李承炫

去来するものに筋書きがあるのか

今日また風吹きに絡み合う大筋

カメラのカチッという音にはらりと、落ちる椿の花

2003年 《惟心》 登壇
時調集 『光の音 そして』『思索の車輪』 外
李鎬雨時調文学賞新人賞受賞 外

억새

이예진

화려한 날이 지나 버려진 산 어귀에
스스로 뼈를 훑는 쓰쓰싹싹, 깊은 결기
해 저문 어깨동무에 바람마저 삼간다

2021년 《시조21》 등단

すすき

李芮振

色めいた日々裏捨てられた山の入り口
自らの骨組みをすすぎ出す、深い剛気
夕暮れの肩組みに風さえ躊躇う

2021年 《時調21》 登壇。

나이를 깁다

이익주

세월이 떠나가는
가벼움의 의미와

행간을 차오르는
고뇌의 무거움까지

한 생을 어루만지며
불안하게 깁고 있다

1988년 매일신문 신춘문예 당선 및《시조문학》천료
시조집 『달빛환상』 외

年を縫う

李益柱

日月の過ぎる
軽みの意味と

行間の隅々まで浸る
苦悩の重みまで

人生模様を撫で擦りつつ
薄ら不気味の針仕事

1988年 毎日新聞新春文芸当選及び《時調文学》推薦登壇。
時調集『月光の幻想』の外。

꽃등심

이태정

태어나 한 생애 꽃 한번 못 피우고
죽어서 한 부위 꽃으로 피는 너
내 앞에 한 끼 저녁으로 훨훨 지는 향연香煙

2012년 《유심》 등단
시조집 『빈집』

霜降り

李泰貞

生まれて一生の間花咲けぬ
死して何処か花に咲き戻る
私の前に夕方の片食消える香火

2012年　《唯心》　登壇
時調集『空き家』

먹

임성구

내 굳은 피 묽게 갈아
세상을 세우리라

한 획으로 넘쳐나는
견고한 말씀의 나라

죽어도 죽지 않을 혼이여!
그 어둠을 쉬게 하라

1994년《현대시조》신인상 등단
시조집 「복사꽃 먹는 오후」 외 4권, 현대시조 100인선《형아》
가람시조문학상 수상 외

墨

林成九

私の固まった血を薄めて
この世を立てよう

一画に漲る
行き届くお言葉の国

不死を勝ち取れる魂よ！
その暗闇を休ませろ

1994年 《現代時調》 新人賞登壇。
時調集 『桃の花食べる午後』 のほか四巻、現代時調百人
選 《お兄さん》
嘉藍時調文学賞 受賞の外。

하얀 전쟁

임성화

밤섬 그 지류에서
자리다툼 치열하다

까닭모를 물대포와
맞서 싸운 가마우지

하얀 똥
쭉쭉 갈기며
다시 병기 손질한다

1999년 매일신문 신춘문예 당선
시조집 『아버지의 바다』 『겨울 염전』 외
성파시조문학상 수상 외

白き戦争

林成花

栗島その支川にて
座席取りの争いで生き急ぐ

わけの分からぬ放水砲と
鵜の戦い振り

白き糞を
思うままたらし
また兵器の手入れをする

1999年 毎日新聞新春文芸当選
時調集 『父の海』『冬の塩田』 外
性坡時調文学賞受賞 外

하얀 풀꽃

장계원

흔드는 바람이야
어찌 할 수가 없어

공들인 꽃잎 몇 장
고수레로 뿌려주면

걱정을 잠시 물리고
덧니로 웃는 들녘

2015년 부산일보 신춘문예 시조 당선
시조집 『벚꽃만장』 외

白き草花

張桂媛

揺らす風は
詮なしものを

念入れの何枚の花びら
御祓いの撒き散らし

心配事は仮初めにも忘れ
八重歯の笑顔の野原

2015年 釜山日報新春文芸時調当選。
時調集 『桜満山』の外。

고요

장지성

물총새 한 마리가 언제부터 앉아있다
호수에 잠겨있는 고향과 저녁노을
일순간 낙하落下를 하며 낚아채는 먼 유년

1969년 《시조문학》 3회 추천완료
시조집 『풍설기』 『겨울 평전』 외
정운문학상 수상 외

静けさ

張芝城

一羽の川蟬蓮華坐の姿
沈む湖の古里の黄昏
一瞬間の落下と遠き幼年

1969年《時調文学》3回 推薦。
時調集『風雪幾』『冬の評伝』の外。
丁芸文学賞受賞の外。

가을밤

전복이

창문 틈 새어드는
풀벌레의 돌림노래

마당가를 서성이는
달을 따라 내려서면

바람을 끌고 떠나는
마른 잎의 뒷모습

2021년 《시조21》 등단
시조집 『커피가 그린 그림』

秋夜

全福伊

窓の隙間から聞こえる
草虫の輪唱

庭をうろつく
月に沿って降り立つと

風を引っ張って去る
枯れ葉の後ろ姿

2021年 《時調21》 登壇。
時調集『コーヒーの描いた絵』。

진달래

전연희

순이나 옥이 같은 이름으로 너는 온다
그 흔한 레이스나 귀걸이 하나 없이
겨우내 빈 그 자리를 눈시울만 붉어 있다

어린 날 아지랑이 아른아른 돌아오면
사립문 열고 드는 흰옷 입은 이웃들이
이 봄사 연지볼 하고 울 너머로 웃는다

1988년 《시조문학》 천료
시조집 『숲 가까이 산다네』, 『얼음꽃』 외
이영도시조문학상 수상 외

躑躅の花

全蓮喜

　「スニ」あるいは「オギ」という名前の君が近づいてくる
　そのありふれているレースあるいはイヤリング一つなしにユ
　冬すがらその空き場を目頭ばかりがじんわりとしてきた。

　物知らぬ子供のある日陽炎が戻ると
　草の扉を開けて白衣の隣人たちが
　今年の春は頬紅差して垣越しに微笑む

1988年《時調文学》推薦
時調集『森の近くに住む』『氷の花』の外。
李永道時調文学賞受賞の外。

담금질

정경화

내 안에 내가 많아
가시 같은 내가 많아

뜨거운 그대 노래
뜨거워서 식을까봐

차라리
칼보다 푸른
찬물 속에 가둔다.

2001년 동아일보, 농민신문 신춘문예 당선
시조집『풀잎』『눈물값』외
노산시조문학상 수상 외

焼き入れ

鄭敬花

自分の中に自分が多すぎる
刺のような自分が多い

熱い君の唄
熱くて冷えるのが怖くて

寧ろ
刀より青白い
冷たい水に押し込める。

2001年 東亜日報·農民新聞新春文芸当選
時調集 『草の葉』『涙の値段』 外
鷺山時調文学賞受賞 外

나마스떼*

정용국

산山은 혹을 버리고
신神이 되었다

난 혹을 짊어지고
너무 오래 돌아왔다

혹 안에
숨어 있던 별
당신인 줄 모르고

*'당신 안의 神性을 경배합니다'라는 뜻의 네팔 인사말.

2001년《시조세계》등단
시조집『동두천 아카펠라』외 3권
노산시조문학상 수상 외

ナマステ*

鄭鎔国

山はタン瘤を捨て
神となった

私はタン瘤を背負って
長い間遠回りした

タン瘤の中に
隠れていた星
君だとは思わなかった

* 'あなたの中にある神聖さに敬意を示します' という意味の
　ネパール語の挨拶言葉。

2001年 《時調世界》 登壇。
時調集『東豆川のアカペラ』の外三巻。
鷺山時調文学賞受賞の外。

상강霜降 무렵

정해송

꽁지 긴 새 한 마리 감나무 가지 앉아

운수승 영혼인 양 송경하고 날아간 뒤

늦가을 잎 진 후원에 우물 빛이 깊어졌다

1978년 《현대시학》 등단
시조집 『안테나를 세우고』, 『응시』 외
이호우시조문학상 수상 외

霜降の頃

丁海松

長い尾の鳥柿枝に留まる

行脚の霊か誦経の飛後

落ち葉の晩秋庭深む井戸色

1978年《現代詩学》登壇。
時調集『アンテナを立てて』『凝視』の外。
李鎬雨時調文学賞受賞の外。

이슬

정해원

원시의 빛깔 머금고
기다리다 맺힌 눈물

풀잎에 앉았다가
슬픔으로 머물다가

그리움 반짝이도록
눈빛을 닦고 있다.

1979년 월간 《시문학》 추천 등단
시조와 하이쿠집 『겨울밤』, 단시조집 『겨울 초승달』 외
낙동강 문학상 수상 외

露

丁海元

色帯びた原始
待ち焦がれの涙

留まる草の葉
宿る悲しさ

煌めかす懐かしさ
眼差しを拭く。

1979年 月刊 《詩文学》 推薦登壇。
時調と俳句集『冬の夜』短時調集『冬の三日月』の外。
洛東江文学賞の外。

감식초

정희경

보채는 시간에게 옷고름 풀어헤쳤다

내어주고 내어준 어미의 빈 젖가슴

말갛게 눈물이 고인다 문드러진 살점에

2010년 《서정과현실》 등단
시조집 『지슬리』, 『빛들의 저녁시간』, 가람시조문학신인상 수상 외

柿酢

鄭熙暻

むずかる時間に結び紐をはだけた

添え乳の続き果ての悲しき空き乳房

溢れるばかりの淡き涙、爛れた肉片

2010年 《抒情と現実》登壇
時調集 『池瑟里』 『光々の夕方』, ガラム時調文学賞 新人賞 受賞の外

풍란

조동화

목젖 다 드러내고 까르르 웃는 아기

진초록 배냇저고리 고물대는 흰 발가락

엄마 젖 달콤한 향이 방안 가득 일렁인다

1978년 중앙일보 신춘문예 당선.
시조집 『낮은 물소리』, 『영원을 꿈꾸다』 외
김상옥시조문학상, 이호우시조문학상 수상 외

風蘭

曺東和

無邪気笑いの赤ちゃん

青緑肌着の白い足指

部屋を漂う甘い母の乳房

1978年 中央日報新春文芸に当選。
時調集『低い水音』『永遠を夢見る』の外。
金相沃時調文学賞、李鎬雨時調文学賞受賞の外。

첫

조명선

꽃가루 깊게 번진 내 사랑은 가볍다

한순간 피었다 지는 '첫' 따윈 몰라도 좋다

꽃물로 돌고 또 돌아 허공을 긁더라도

1993년 《월간문학》 등단
시조집 『하얀 몸살』 『동인시영아파트는 이제 없다』 외
대구시조문학상 수상

初

曺明仙

花粉が飛ばれた我が恋はむず痒い

束の間咲いては散る'初'なぞ知らずともいい

花の水にて巡って空を掻き毟るとて

1993年 《月刊文学》 登壇
時調集 『白い風邪』『東仁市営アパートはもうない』 外
大邱時調文学賞受賞

봉선화

조정희

예쁜 말, 고운노래
손톱 끝에 남겨 놓고

꽃으로도 못한 말이
아직도 남았는지

주머니 달고 있구나
조롱조롱 말풍선

2011년 《아동문예》 동시조 등단
동시조집 『발로 읽는 글씨』

鳳仙花

趙貞熙

可愛い言葉、綺麗な歌
爪の先に取り残し

花にて言い尽くせぬ
冷たき無明の眠り

小袋を吊す
千生りの吹き出し(speech balloon)

2011年《児童文芸》童時調登壇。
童時調集『足で読む文字』

시 향낭

진순분

백 년을 기다리며
오직 그 사랑한 죄

뜨거운 피 마르고
살과 뼈 문드러져

목숨 건 시 한 줄만이
향기 가득 채우네

1990년 경인일보 신춘문예 시조 당선
시조집 『돌아보면 다 꽃입니다』『익명의 첫 숨』 외
한국시조시인협회 본상 수상 외

香袋

陳順分

百年を待って
あの人を愛した罪

乾く熱き血
崩れ落ちる骨身

命かけの一行の詩
香りを埋め尽くす

1990年 京仁日報新春文芸時調当選。
時調集『振り向けば全てが花です』『匿名の初息吹』の外。
韓国時調詩人協会本賞受賞の外。

국화차 마시는 시간

최기향

찻물 속에 녹아있는 네 마음을 읽는다

봄빛에 깨어나서 가을빛에 익은 향기

천천히 읽다가 보면 나도 몰래 꽃물 든다

2021년《시조21》등단
2020년《대구시조》공모전 장원

菊茶を飲む時間

崔起香

お茶に溶け込んでいる君の心を読む

春色に目覚めて秋色に実った香り

ゆっくり読んでいくとこっそり花の色に染まる

2021年 《時調21》 登壇。
2020년《大邱時調》公募展大賞。

우수 무렵

최성아

실개천 물길따라 보들보들 꼬리치며

제 속살 열까 말까 내숭도 한창이다

갯버들 보자기 푸는 봄 언저리 가렵다

2004년 《시조월드》 신인상 등단
시조집 『달콤한 역설』 『아리랑 DNA』 외
성파시조문학상 수상 외

雨水の頃

崔成我

細流の路沿い、滑らかに鰭泳ぎ

命懸けの自分の宿命、猫を被るもほどほど

猫柳風呂敷を広げる春頃が痒い

2004年 《時調ワールド》 新人賞登壇
時調集 『甘い逆説』『アリランDNA』 外
性坡時調文学賞受賞 外

다음 역

최영효

가을이 지나고 나면 그 다음 겨울이 온다

거슬러 올라가면 옛사랑 거기 내 자리

돌아갈 열차는 없다 너는 내리고 나는 떠나고

2000년 경남신문 신춘문예 당선
시조집 『죽고 못 사는』 외
김만중 문학상, 천강문학상 수상 외

次の駅

崔英孝

秋を越せば訪れる次の冬

遡るや昔の恋の物語の僕の居場所

帰る汽車は途絶える君は降りる僕は旅立つ

2000年 慶南新聞 新春文芸 当選
時調集 『無我夢中、惹付けられて』 外
金萬重文学賞・天降文学賞 受賞の外

소낙비

최재남

온다던 그대 못 오고 먹구름 대신 보내

창문만 쓰다듬다 돌아서며 쏟는 통곡

빈 가슴 움푹 파놓고 고이지도 못하는,

2008년 《시조21》 등단
시조집 『바람의 근성』 외
한국시조시인협회 신인상 수상

村雨

崔在男

来るという君の変りに黒雲を寄越す

撫で摩る窓ばかり向き直って泣きわめく

がら空きの胸奥まで掘り下げたとて溜まらずのまま、

2008年 《時調21》登壇
時調集 『風の根性』
韓国時調詩人協会 新人賞 受賞

외등

최화수

빛이 고픈 땅거미가
초저녁부터 보챈다

화색 흠씬 돌 때까지
외짝 젖을 내주느라

한잠도 못 잔 저 어미
눈이 퀭한 새벽녘

2011년《시조시학》등단
시조집『풀빛엽서』동시조집『내 발도 꽃이야』외
제1회 시에그린 한국동시조 문학상 수상 외

外灯

崔花水

光を渇望する夕やみ
宵の口からねだる

顔色が明るくなるまで
片方の乳を含ませては

一睡も忘れたあの母
明け方の落ちくぼんだ両目

2011年 《時調詩学》 登壇。
時調集『草色の葉書』童時調集『私の足も花』の外。
第一回 シエグリン韓国童時調文学賞受賞の外。

청자 화병

하순희

한없이 품어주는 마당 넓은 옛집 같이
저녁연기 필 때에 향 긷는 백합같이
그대를 감싸고도는 저문 날 노래같이

1989년《시조문학》천료
시조집 『별 하나를 기다리며』 『적멸을 꿈꾸며』 외
이호우 · 이영도시조문학상 수상 외

青磁の花瓶

河順姫

限りなく抱く広き庭の古家
宵の炊煙立ち上ぼる香の小百合
君を離れない日暮れの歌

1989年《時調文学》推薦。
時調集『星一つを待って』『寂滅を夢見て』のほか多数。
李鎬雨・李永道時調文学賞受賞の外。

저물 듯 오시는 이

한분순

저물 듯 오시는 이
늘 섧은 눈빛이네

엉겅퀴 풀어놓고
시름으로 지새는 밤은

봄벼랑 무너지는 소리
가슴 하나 깔리네.

1970년 서울신문 신춘문예 당선
시조집 『서울 한낮』, 『손톱에 달이 뜬다』 외
가람시조문학상 수상 외. 한국시조시인협회 이사장 역임

日が暮れそうに来られる人

韓粉順

日が暮れそうに来られる人
何時も恨めしい目色をする

あざみを広げて
憂いの明かす夜は

春の断崖が崩れる音
胸一つ下敷になる。

1970年 ソウル新聞新春文芸に当選。
時調集『ソウルの昼日中』『爪に月が昇る』の外。
嘉藍時調文学賞受賞の外。韓国時調詩人協会理事長歴任。

언양에서 밀양까지

한분옥

해발 구백 미터 간월산 고개 넘어갈 때

등짐 진 채 쉬었다는 장꾼들의 선짐이 질등*

나는 왜 아닌 벼랑 아닌 짐꾼에 못 벗고 선 오늘인가

*언양에서 밀양으로 넘어가는 간월재 험한 고개를 울산의 옛 소금장수들이 등짐을 진채 쉬었다는 장꾼들의 애환이 서려있는 고개. 선짐재 라고도 함.

2004년《시조문학》등단. 2006년 서울신문 신춘문예 시조 당선
시조집『꽃의 약속』.『화인火印』외, 가람시조문학 신인상 수상
현)외솔시조문학상 운영위원장.《시조정신》발행인

彦陽から密陽まで

韓盼玉

海抜九百メートルの肝月山の峠越えの時

坐る事も許さぬ一休みの背負い行商の峠

如何にしてあの岸、あの荷担ぎを下ろせぬ今日かな

*彦陽から密陽まで行く途中、「肝月」という険しい峠の坂道を登った蔚山塩屋さんが背中の荷物を下ろす暇もなく立ったまま一休みしたと伝えられる峠のこと

2004年 《時調文学》登壇. 2006年 ソウル新聞 新春文芸当選
時調集『花の約束』『火印』外・ガラム時調文学賞 新人賞受賞
現)ウェソル時調文学賞 運営委員長《時調精神》発行人

넝쿨손

한희정

빈 집터 하늘 닿을 듯
휘휘 오르는 저거

이가 없어 먹지 못해
손녀딸 쥐어 쥐던

할머니 마지막 길에
놓고 떠난 꽈배기

2005년 《시조21》 등단.
시조집 『굿모닝 강아지풀』, 『꽃을 줍는 13월』, 『그래 지금은 사랑이야』.
시선집 『도시의 가을 한 잎』

巻き髭

韓嬉聶

空き家の空き地が天迄届くよう
ふわりふわりと飛び上がるあれは

歯がなくて食べられなかったので
孫娘に握らせた

祖母の最期の旅
残し置いて行き去ったねじりん棒

2005年 《時調21》登壇。
時調集『グッドモーニング、狗尾草』『花を拾う十三月』
『それだよね、今は恋』
詩選集『都市の秋一葉』

명자꽃

홍성란

후회로구나 그냥 널
보내놓고는 후회로구나

명자꽃 혼자 벙글어
촉촉이 젖은 눈

다시는 오지 않을 밤
보내고는 후회로구나

1989년 중앙시조백일장 등단
시조집 『바람의 머리카락』, 『춤』 외
유심작품상, 이영도시조문학상 수상 외

楝の花

洪性蘭

悔しい、ただ君を
見送っては悔しい

楝の花自分で花を咲かそうと
しっとりと濡れた目

もう二度と来ない夜
見送っては悔しい

1989年 中央時調白日場登壇。
時調集『風の髪』『舞』の外。
唯心作品賞、李永道時調文学賞受賞の外。

그 순간

황다연

산새가 물 마시러 수면에 닿는 순간

찢어진 그곳으로 햇살가루 쏟아지네

은 비단 물 그늘 한 자락 조르륵 주름지네

1975년 《시조문학》 천료

あの瞬間

黄多蓮

渇きし山鳥水面にそっと触れた時

裂けたあの処へ陽粉が降り注ぐ

水陰一片の銀色の絹さらりと皺める

1975年 《時調文学》 推薦登壇

03

와카和歌

冷泉為人(れいぜい　ためひと)

　鶯の初音たつねて野辺ゆけは雪消の沢にさわらひの萌ゆ

레이제이 타메히토(Reizei Tamehito)

　휘파람새의 / 반가운 울음소리 / 들판 찾으니 /
눈 녹은 연못가에 / 햇고사리 움트네

冷泉喜実子(れいぜい　きみこ)

　冴ゆる風去年となりけり春立ちて霞たなひくみとり萌ゆ野辺

레이제이 키미코(Reizei Kimiko)

시린 바람도 / 지난 해 넘어서서 / 입춘 맞은 봄 / 안개 자욱한 초록 / 싹트는 벌판이여

乾　亮文(いぬい　りょうぶん)

ほのほのと霞たなひく山里のこすゑの先に雪の玉水

이누이 료분(Inui Ryobun)

어렴풋하게 / 봄날 안개 자욱한 / 저 두메산골 / 겨우내 내린 눈이 / 가지 끝에서 녹네

岩林　理(いわばやし　おさむ)

　立ちかはり風吹く野辺にたた一重残れる雪を春の日照らす

이와바야시 오사무(Iwabayashi Osamu)

　돌아온 봄날 / 때마침 불어오는 / 저 넓은 들녘 / 한 꺼풀 남은 눈 위 / 봄 햇살이 비추네

上田　文（うえだ　あや）

　しめのうち雪のたえ間に若菜萌ゆ浅き緑に春は来にけり

우에다 아야(Ueda Aya)

새해 맞으며 / 내린 눈 사이마다 / 새싹 돋았고 / 어린 초록 기운 속 / 봄이 찾아 왔구나

大岡洋子(おおおか　ようこ)

春立ちて野辺を駆けゆく若駒のいなゝきたかきあけほのゝ空

오오오카 요코(Ooka Yoko)

기다렸던 봄 / 벌판으로 달리는 / 어린 망아지 / 힘차게 우는구나 / 새벽하늘 저 높이

大谷香代子(おおたに かよこ)

うくひすの初音聞ゆる雪の間に若菜つみにし野辺のあさ緑

오오타니 카요코(Otani Kayoko)

휘파람새의 / 울음소리 들리는 / 잔설 사이로 / 어린 나물 캐었네 / 연두빛 물결 들녘

小川町子(おがわ　まちこ)

思ふとちいさなひつれて山の野辺小松引くなり初春のころ

오가와 마치코(Ogawa Machiko)

오랜 연인들 / 더불어 찾아 나선 / 산 들녘 자락 / 잔솔가지 모으네 / 아직은 시린 봄날

梶　裕子(かじ　ゆうこ)

まとゐして野辺の幼子若菜つむ春風運ふ梅か香ゆかし

카지 유우코(Kaji Yuko)

길을 잃고도 / 벌판의 어린 소녀 / 나물만 캐네 / 봄바람을 나르는 / 은은한 매화 향기

斎藤幸美(さいとう　ゆきみ)

春くれは野辺の朽葉の下萌は柔く影に緑増しけり

사이토 유키미(Saito Yukimi)

기다린 봄날 / 들녘 낙엽 아래에 / 애써 틔운 싹 / 그림자 부드럽고 / 짙어지는 초록빛

菅田聡子(すげた　さとこ)

春立ちてかすみの野辺に残る雪遠くひゝくはうくひすの声

스게타 사토코(Sugeta Satoko)

봄날을 맞은 / 안개 자욱한 벌판 / 남은 겨울눈 / 저 멀리 들려오는 / 휘파람새 소리여

酢谷眞規子(すたに まきこ)

ゆく水の雪間つのくむあさみどり春の香そする野辺の朝あけ

스타니 마키코(Sutani Makiko)

얼었던 강물 / 눈 아래 싹 틔우네 / 초록빛 새싹 / 봄날의 향기 나는 / 넓은 들녘의 새벽

東郷晃子(とうごう　あきこ)

春浅き野辺の若菜は生ひ出てゝ陽の光にそ育くまれぬる

토오고 아키코(Togo Akiko)

이른 봄날의 / 벌판의 나물들이 / 싹을 틔웠네 / 따뜻한 햇살 안고 / 온전히 자라나네

新関　忠(にいぜき　ただし)

初春の野辺よりはるか見わたせは単にうすくかす
みたなひく

니이제키 타다시(Nizeki Tadashi)

다시 온 봄날 / 벌판 너머 저 멀리 / 바라봤더니 / 여리고 가느다란 / 봄 안개 드리우네

西枝芙佐子(にしえだ ふさこ)

初春を寿く野辺に霞立ち千代に八千代に幸を願はむ

니시에다 후사코(Nishieda Fusako)

기다린 봄날 / 예찬하는 벌판에 / 자욱한 안개 / 천년이고 만년이고 / 평온을 기원하네

西村千惠(にしむら　ちえ)

春来ては雪の下水うち解けて霞を染むる野辺の若芝

니시무라 치에(Nishimura Chie)

봄이 오신 후 / 눈 밑의 얼었던 물 / 녹여내더니 / 안개를 물들이네 / 들녘의 어린 잔디

松岡直子(まつおか　なおこ)

初春の野原に入りて若草の露に衣も濡らしつつゆく

마츠오카 나오코(Matsuoka Naoko)

첫봄을 맞아 / 벌판으로 들어서 / 마주한 새싹 /
옷소매 맺힌 이슬 / 젖어만 가는구나

吉田朋子(よしだ　ともこ)

佐保姫の衣とまかふ春かすみ野辺をつつみて匂ふ梅の香

요시다 토모코(Yoshida Tomoko)

봄의 여신이 / 감싼 옷이었던가 / 봄 안개인가 /
자욱한 벌판 가득 / 맴도는 매화향기

吉見由希子(よしみ　ゆきこ)

あさかすみたつるを見れはみよし野のさわらひもゆる春はきにけり

요시미 유키코(Yoshimi Yukiko)

오늘 아침 해 / 하늘 붉게 물들인 / 요시노 벌판 / 고사리 피어나는 / 봄이 찾아 왔구나

04

하이쿠俳句

秋尾　敏(あきお　びん)

満面の笑みの割り込み青嵐

아키오 빈(Akio Bin)

얼굴 한가득 / 미소를 드리우네 / 상쾌한 바람

阿久根　桜岳(あくね　おうがく)

春浅し気嵐生るる水面かな

아쿠네 오오가쿠(Akune Ogaku)

아직 이른 봄 / 따뜻한 안개 부를 / 물 위의 바람

井越　芳子(いごし　よしこ)

秋の水ひかりの底を流れをり

이고시 요시코(Igoshi Yoshiko)

맑은 가을 강 / 빛줄기 닿는 바닥 / 흐르는 계절

稲畑廣太郎(いなはた　こうたろう)

アンダンテカンタービレの春時雨

이나하타 코타로(Inahata Kotaro)

모처럼 맞은 / 안단테 칸타빌레 / 얄궂은 봄비

稲畑　汀子(いなはた　ていこ)

夜風ふと匂ふ潮の香星月夜

이나하타 테이코(Inahata Teiko)

밤바람 문득 / 향기 품은 바닷물 / 별빛 밝은 밤

今井　聖(いまい　せい)

永遠に下る九月の明るい坂

이마이 세이(Imai Sei)

태곳적부터 / 변함없는 구월 밤 / 빛나는 언덕

岩岡　中正(いわおか　なかまさ)

握手するやうに泉に手をひたす

이와오카 나카마사(Iwaoka Nakamasa)

악수하듯이 / 조심스레 샘물에 / 손을 적시네

内村　恭子(うちむら　きょうこ)

かぎろひや韓の鄙なる登り窯

우치무라 쿄코(Uchimura Kyoko)

빛나는 불꽃 / 한국의 고향에 있는 / 산기슭 가마

大串　章(おおぐし　あきら)

水平線大きな露と思ひけり

오오구시 아키라(Ogushi Akira)

넓은 수평선 / 크디큰 이슬인가 / 생각했었네

大久保　白村(おおくぼ　はくそん)

銀座生れ銀座育ちの猫の恋

오오쿠보 하쿠손(Okubo hakuson)

내 고향 긴자 / 긴자에서 자랐네 / 고양이 사랑

大高　霧海(おおたか　むかい)

天つ日に真向ふ気迫寒ぼたん

오오타카 무카이(Otaka Mukai)

드높은 하늘 / 마주 향한 기백은 / 한 겨울 모란

大西　朋(おおにし　とも)

片白草魚に声のなかりけり

오오니시 토모(Onishi Tomo)

외딴 삼백초 / 물고기 숨소리도 / 하나 없구나

小澤　實(おざわ　みのる)

韓国の靴ながれつく夏のくれ

오자와 미노루(Ozawa Minoru)

한국의 신발 / 귀한 선물 받았네 / 여름날 저녁

角谷　昌子(かくたに　まさこ)

鞍外す馬の背の汗吾の汗

카쿠타니 마사코(Kakutani Masako)

안장을 푸네 / 말 등에 젖은 땀은 / 바로 나의 땀

木村　聡雄(きむら　としお)

記憶とは梅花それぞれのまどろみ

키무라 토시오(Kimura Toshio)

기억함이란 / 제 각기 핀 매화의 / 깜빡 조는 잠

草刈　幸風(くさかり　こうふう)

去年今年産土神へ磴の径

쿠사카리 코오후(Kusakari Kofu)

작년과 올해 / 토지신 찾아 가는 / 돌계단 참배길

久保　純夫(くぼ　すみお)

そのときは木槿の紅を胸に抱き

쿠보 스미오(Kubo Sumio)

그때는 정녕 / 무궁화 붉은 빛을 / 가슴에 안고

黒川　悦子(くろかわ　えつこ)

寒さうな脚が階段下りてくる

쿠로카와 에츠코(Kurokawa Etsuko)

추위에 지친 / 두 다리 계단으로 / 내려오는데

神野　紗希(こうの　さき)

寂しいと言い私を蔦にせよ

코오노 사키(Kono Saki)

쓸쓸하다고 / 고백하는 내 모습 / 담쟁이덩굴

古賀　雪江(こが　ゆきえ)

鉦叩打ちかはりつつひとつ音に

코가 유키에(Koga Yukie)

저 귀뚜라미 / 완연히 다르구나 / 외마디 소리

小島　健(こじま　けん)

冷し酒旅の日暮れを惜しみをり

코지마 켄(Kojima Ken)

애써 식힌 술 / 저무는 나그네길 / 아쉬워 할 뿐

後藤　章(ごとう　あきら)

花木槿頬をたたいて朝化粧

고토 아키라(Goto Akira)

무궁화 꽃잎 / 두 볼을 두드리는 / 아침녘 화장

小林　貴子(こばやし　たかこ)

灯台をめぐり原生林の夏

코바야시 타카코(Kobayashi Takako)

깊은 밤 등대 / 맴돌며 호흡하는 / 숲속의 여름

佐怒賀直美(さぬか　なおみ)

底紅の揺るぐや風の明るさに

사누카 나오미(Sanuka Naomi)

붉은 무궁화 / 흔들리는 바람에 / 얼굴 내미네

佐怒賀　正美(さぬか　まさみ)

涯(はて)はオーロラ師の激湍の一世

사누카 마사미(Sanuka Masami)

세상의 땅끝 / 오로라로 향하는 / 흰 여울 인생

下田　晃子(しもだ　あきこ)

濃くあはく雀色時なる夕焼

시모다 아키코(Shimoda Akiko)

짙다가 맑은 / 해질녘 그림자 위 / 노을 진 하늘

須川　久(すかわ　ひさし)

草いきれ少女全力疾走す

スカ와 히사시(Sukawa Hisashi)

뜨거운 초원 / 한 소녀 있는 힘껏 / 숨 가쁜 질주

染谷　秀雄(そめや　ひでお)

秋草を一本挿して妻の留守

소메야 히데오(Someya Hideo)

가을 풀 꺾어 / 머리에 꽂아보네 / 소중한 아내

高野　ムツオ(たかの　むつお)

泥かぶるたびに角組み光る蘆

타카노 무츠오(Takano Mutsuo)

진흙투성이 / 견디며 싹을 틔운 / 빛나는 갈대

田中　由子(たなか　よしこ)

硯洗ふ端渓小さき玉抱き

타나카 요시코(Tanaka Yoshiko)

벼룻돌 씻는 / 귀한 단계석端渓石 벼루/ 보석 품었네

筑紫　磐井(つくし　ばんせい)

さにつらふ妹を百済の桃と讃ふ

츠쿠시 반세이(Tsukushi Bansei)

붉게 물들인 / 그대를 예찬하네 / 백제 복숭아

対馬　康子(つしま　やすこ)

クラウドに慟哭満てり額の花

츠시마 야스코(Tsushima Yasuko)

짓뿌연 구름 / 가득한 통곡 소리 / 액자 속 그림

寺井　谷子(てらい　たにこ)

秋灯かくも短き詩を愛し

테라이 타니코(Terai Taniko)

가을밤 등불 / 이렇게 짧은 줄은 / 시를 아끼며

永井　江美子(ながい　えみこ)

麦刈りの肉うつくしき腕かな

나가이 에미코(Nagai Emiko)

보리 수확 철 / 낫을 베는 육체의 / 아름다운 팔

長井　寛(ながい　かん)

冬瓜を枕にこの世漂泊す

나가이 칸(Nagai Kan)

노란 여름 박 / 이승의 베개 삼아 / 길 떠난 방랑

中村　和弘(なかむら　かずひろ)

大凧の骨の刺りし砂丘かな

나카무라 카즈히로(Nakamura Kazuhiro)

크게 띄운 연 / 뾰족한 머릿살은 / 저 모래 언덕

西川　盛雄(にしかわ　もりお)

墓は皆海に向って冬の雨

니시카와 모리오(Nishikawa Morio)

무덤은 모두 / 바다를 바라보며 / 겨울비 오네

西田　梅女(にしだ　うめじょ)

日本海越え半島は皆のどか

니시다 우메죠(Nishida Umejo)

동해를 두고 / 한국과 일본 모두 / 화창한 하늘

西山　睦(にしやま　むつみ)

生きてゐる指を伸べあふ春火桶

니시야마 무츠미(Nishiyama Mutsumi)

살아있구나 / 손가락을 맞대는 / 봄날의 화로

新田　佐代子(にった　さよこ)

蜩や力の限り生きてみむ

닛타 사요코(Nitta Sayoko)

저녁매미야 / 힘이 닿는 데까지 / 살아내 주렴

能村　研三(のむら　けんぞう)

韓国(からくに)に瑠璃の坏(つき)あぐ梨花の夜

노무라 켄조(Nomura Kenzo)

다정한 한국 / 유리잔을 드리네 / 배꽃 피는 밤

蟇目　良雨(ひきめ　りょうう)

妻泣くな夏至のお茶の水橋の上

히키메 료우(Hikime Ryou)

아내여 울지마오 / 뜨거운 하지 날 / 오차노미즈
(お茶の水) 다리 위에서

藤本　はな(ふじもと　はな)

花蜜柑海の向かうは高麗の国

후지모토 하나(Fujimoto Hana)

달콤한 밀감 / 바다 건너 저편은 / 가고픈 한국

藤本美和子(ふじもと　みわこ)

蜻蛉がくる蜻蛉の影がくる

후지모토 미와코(Fujimoto Miwako)

잠자리 날아오네 / 그 잠자리 / 그림자가 날아오네

坊城　俊樹(ぼうじょう　としき)

丑三つの厨のバナナ曲るなり

보오죠 토시키(Bojo Toshiki)

깊은 한밤중 / 주방의 바나나가 / 허리 굽히네

水田　むつみ(みずた　むつみ)

朝光の膨らんでゆく朴の花

미즈타 무츠미(Mizuta Mutsumi)

아침 햇살이 / 부풀어 오르고서 / 한아름 박꽃

宮崎　斗士(みやざき　とし)

鮎かがやく運命的って具体的

미야자키 토시(Miyazaki Toshi)

빛나는 은어 / 타고난 운명인가 / 살아있음을

森田純一郎(もりた　じゅんいちろう)

一斉に回り出しさう山法師

모리타 준이치로(Morita Junichiro)

한 차례 모두 / 열매를 맺으려네 / 저 산딸나무

安原　葉(やすはら　よう)

春寒し悼む暗さのタワーの灯

야스하라 요오(Yasuhara Yo)

아직 시린 봄 / 슬퍼하는 어둠의 / 높은 탑 등불

吉村　玲子(よしむら　れいこ)

旅鞄春塵積もるばかりなり

요시무라 레이코(Yoshimura Reiko)

여행길 가방 / 봄날에 내린 먼지 / 쌓여만 가네

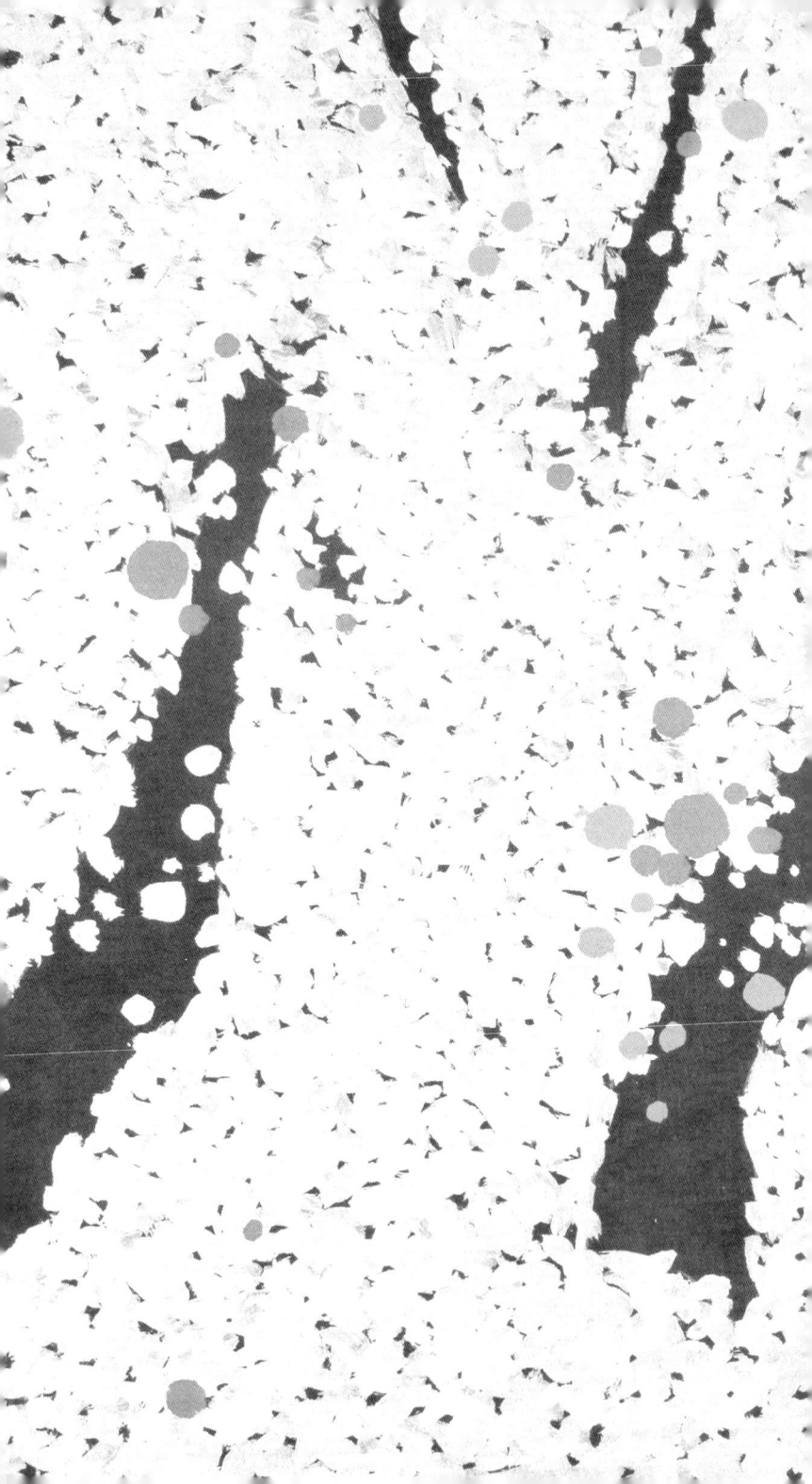

05 번역자 약력

안수현 安修賢

번역자 약력

문학평론가 · 문학번역가 · 문학박사
(전) 부산대학교 일본연구소 전임연구원
(전) 부산대학교 한국민족문화연구소 HK연구원
(현) 한국하이쿠연구원 연구교수
(현) 부산가톨릭대학교 인문학연구소 연구위원

<연구논문>
후지와라 데이카의 미의식「요염」에 관한 고찰(2015)
후지와라 데이카의『每月抄』秀逸体에 관한 고찰
-전통 가론과 관련하여(2014)
후지와라 데이카의『初学百首』일고찰
-특히「恋歌」를 중심으로(2012)
別雷社歌合의 데이카 미학의 모색(2012)
新古今和歌集仮名序 연구
-選者와 後鳥羽院의 歌意識을 중심으로(2009)
最勝四天王院障子和歌에 관한 일고찰
-데이카와 後鳥羽院의 有心 인식(2005)

翻訳者 略歴

文学評論家 · 文学翻訳家 · 文学博士
(前) 釜山大学校 日本研究所 専任研究員
(前) 釜山大学校 韓国民族文化研究所 HK研究員
(現) 韓国俳句研究院 研究教授
(現) 釜山カトリック大学 人文学研究所 研究委員

<研究論文>
藤原定家の美意識「妖艶」に関する考察(2015)
藤原定家の『毎月抄』秀逸体に関する考察 : 伝統歌論と関連して(2014)
藤原定家の『初学百首』の一考察 : 特に「恋歌」を中心に(2012)
別電社歌合における定家美学の模索(2012)
新古今和歌集仮名序研究 -撰者と後鳥羽院の歌意識をめぐって(2009)
最勝四天王院障子和歌の一考察 : 定家と後鳥羽院の有心認識(2005)